ソクラティク・ダイアローグ

対話の哲学に向けて

中岡成文 監修　堀江 剛 著

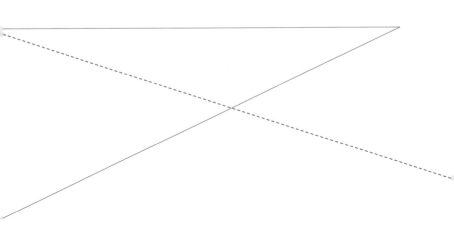

大阪大学出版会

監修者のことば

　この本を手に取る人にとって、「哲学カフェ」という言葉は珍しくないだろう。本「シリーズ臨床哲学」でもすでに、「哲学カフェのつくりかた」が上梓されている。しかし、本書で詳しく紹介される「ソクラティク・ダイアローグ」（略して SD）は、哲学カフェとはまた一味違う。本書によれば、それはワークショップの哲学版、哲学のワークショップだという。そして、著者は、明確なスタイルをもつ、ドイツ生まれのこの対話に初めて出会ったときの感激、その「楽しさ」に共鳴しつつさまざまなグループとともに SD を実践してきた経験について、惜しみなく語ってくれる。

　この本の頁を繰っていると、テーマである対話、SD のこと、直接のテーマではない臨床哲学にまつわること、あれこれ思い出し、考えてしまう。それはたんなる回顧ではない。思い出し、関係づけることは、私にとってリアルな「臨床哲学をすること」そのものだ。

　1998 年、大阪大学に臨床哲学研究室の看板がかかったとき、本書の著者堀江剛さんは博士後期課程に 1 期生として入学したところだったし、私は教員の一人としてあたふた走り回っていた。慣れない手つきで研究計画書を書いては、外部資金に応募した。第 1 章に語られているオックスフォードの国際学会での「出会い」も、その成果の一つだ。臨床哲学、つまり「現場に臨む哲学」とは何か、かいもく見当がつかなかったと堀江さんは

i

述懐しているが、教員もルート・ファインディングに神経をすり減らす日々だった。

　哲学者が「フィールド」を語るのはたぶん稀有なことだろう。臨床哲学の初期は、医療と教育が二本柱として意識された。そのうち、医療班ないし医療分科会（一般市民も巻き込んで運営された）のキャップが堀江さんで、（医療者であるメンバーの現場力に加えて）彼の企画力、指導力、渉外能力なくしては、第5章で報告されている「在宅における医療行為」をテーマとする対話コンポーネンツも実現しなかっただろう。

　本書の堀江さんは、20年の経験を背に、もはや「現場にどう臨んだらよいのか」とは悩まず、対話において「現場が現場を反省する」のだと喝破する境地に達している。「個人や組織の決定の背後に埋め込まれている、また決定のために使用されるさまざまな価値や価値判断に対する問いがある。それを意思決定に、どのような仕方で持ち込むのか、あるいは持ち込まないか、その境界づけに際して生じる問いがある。そうした「問い」に、現場に関わる人々が共同して参加できるようにするのである」（209ページ）。彼のこの間の研究と実践、人々や言葉との付き合いを集約した、座りのよい見事な「現場論」の定式だろう。

　とはいえ、臨床哲学の柱として「対話」が明確に位置づけられるには、何年か要したと思う。後から振り返って、臨床哲学の「対話論的転回」だと、私は評価している。

　対話論的転回……。私自身はどうかというと、SDや哲学プラクティスの国際学会には率先して自ら飛び込み、哲学カフェにも当初からコミットしたものの、途中から迷いがきざし、今で

ii

も完全に抜け出てはいない。堀江さんのように、謙虚ながらも自信をもって「対話の哲学」は語れない。どういえばいいのだろう。対話という社会的仕掛けは、偶然性を基本とする。主催者、進行役、テーマでだいたいの見当はつけるものの、行ってみないと、どんな人たちに会えるかわからない。対話の流れに乗ってみないと、面白くなるかどうかもわからない。その偶然性、「出会い」が魅力でもあるが、「はずれ」に終わるかもしれない怖さもある（と私は感じる）。現今のネット社会では（それとも昔からだろうか？）、言葉が「情報」として機能的に扱われたり、人を攻撃する情念のつぶてとして道具化されたりすることが多い。言葉の内実を見直す方向にはめったにいかない。その傾向を多少でも疑問に思う人が対話を訪れるはずなのだが、本書の事例をあげつらうことが許されるなら、第3章の「仕事」についてのSDで「報酬」が仕事の前提とされているのは、哲学対話としていかにも掘り下げが足りないと読者は思わないだろうか。無意味な労働の例として、水を一つのバケツから他のバケツに移し、また元のバケツに戻し、また二番目のバケツに……という作業を際限なく繰り返すというのがあるが、仮にこの作業に報酬が積まれれば、無意味な動作の繰り返しも「仕事」になるのだろうか……。あ、申し訳ない、思わず茶々を入れてしまった。このように、対話の記録をつまみ食いして批評することは、一回的な対話の現場を生きた人々に対する独白者の後知恵であり、傲慢だ。ほんとうは慎むべきことだ。対話はともかく自分でやってみないとわからない。

　進行役の難しさと面白さにも、できたら注目してほしい。哲

学対話の中でも、とくに SD の進行役は経験と信念を要するし、人により適性の差が出ると思う。SD の答えは「当り前のこと」を定式化するにすぎない、堀江さんはこう平然という。芯の強い人でないと言えないことだ。「当り前」、つまり奇をてらわないとは、堀江さんのスタンスそのものであろう。私などは SD の進行役を務めたことは少なからずあり、彼のように大学の授業に取り入れて 1 学期間毎週同じクラスで SD を進めたことも数年にわたってあるが、生きもので水ものである対話を御することに、喜びと驚きよりは、しだいに恐れと疲れを感じるようになった。年々の SD 型授業の過程を記録した模造紙が何巻きも、退職に至るまで研究室の片隅に埋もれていた。対話は満足と充実を生みだしうるが、〈痛い〉ものでもありうる。それを思うと、私などは容易に対話に取りかかれない。

　もちろん、一人で書斎にこもるのではなく、集合的に思索する哲学対話の意味は十分認めている。むしろ決定的な影響を受けたと思っている。参加した、あるいは進行役をした、SD や対話のくわしい内容や出てきた言葉の 1 つ 1 つは覚えていなくても、動かされたことの痕跡は私という器のなかで生き続け、私のすべての表現につながっている。1 つ 1 つ孤立した、別の対話が「ある」のではない。個々の対話に集ったり、あるときは集わなかったりしつつ、他の人たちや私が持続的に交わす「大きな対話」ともいうべきものがある。それは息の長い参加性、忘却のなかでふいに立ち上がる息の長い注意力・喚起力を要求する。大きな対話は、経験の原点にさかのぼって、自分（自分たち）の言葉を問い直し、生活する思索者、思索する生活者と

して、内面と表現を再組織させる。言葉を硬直して使うのでなく、使いながら解きほぐし、解きほぐしながら使うことを教えてくれる。

　けれども、対話の潜在力を育てたいからこそ、対話が妙に制度化され、大文字の哲学に成り上がらないよう、戒め合おう。SD は「哲学する自動装置」（206 ページ）だと堀江さんは名言を放つのだが、「装置」のマクロな作動は、ミクロな個々人の工夫と汗に支えられているし、初めて SD を経験したときの衝撃が、「まるで自分がヴィトゲンシュタインになったかのようであった」（22 ページ）と初々しく想起されるとき、集合的思索の束が一人のウィトゲンシュタインの思索の結び目に取って代われると言われているわけでもないだろう。

　ともかく、SD を含む哲学対話には今後とも小さからぬ使命が負わされていると信じるが、とりわけ社会的・政治的問題に対話を適用していく試行（第 5 章参照）が、1 つの大きな試金石になってくるのではないだろうか。それは哲学的思索と社会的実践、普遍的言明と具体的文脈の大きなディレンマをはらみうるがゆえに、冒険と呼ぶに値すると思う。

中岡　成文

はじめに

　ソクラティク・ダイアローグ（Socratic Dialogue）とは何か。それは、少人数の参加者（通常5–8人が適切な数であるとされる）がグループになり、一定のルールと進行役によって進められる哲学対話ワークショップの方法である。

　今日では、さまざまな種類のワークショップが開かれている。演劇・音楽・ヨガなどのワークショップ、陶芸などのものづくり講座、また「まちづくり」に関するワークショップもある。単に知識や方法を座学で学ぶのではなく、実際に身体を使ったり、作業したりしながら学ぶ参加型・体験型の講座を指す。ソクラティク・ダイアローグは、その哲学版である。

　哲学のワークショップと聞いて、違和感を持たれる読者も多いであろう。哲学といえば、難解な本を一人で読みながら、孤独に考える、といったイメージが強い。座学ならまだしも、それを参加型・体験型のワークショップとして行うとは、どういうことなのか。哲学書などをグループで読む「読書会」のようなものなのだろうか。そこで喧々諤々、哲学的な議論を行うマニアック（？）な場なのだろうか。そのどれでもない。このワークショップは、まったく本を使わない。それどころか、「本で読んだ知識を持ち込まない」といったルールさえある。

　では、何をするのか。キーワードは「対話」である。一つのテーマの下で、参加者たちが自ら問いを立て、自らの経験に基づいて、問いに対する答えを、ただ「話し合う」という作業から導き出す。しかも、非常にゆっくり時間をかけて。標準的な

vii

ものでは、2日半かける。一つのテーマで、自分たちの経験に
だけ基づいて（本で読んだ知識を持ち込まず）、丸2日以上をか
けて、徹底的に「対話」する。これがソクラティク・ダイアロ
ーグである。

　こんな奇妙な対話の方法を、いつ・誰が考え出したのだろう
か。第4章で詳しく触れることになるが、ソクラティク・ダイ
アローグの基本的な考え方を示したのは、1920−30年代に活動
したドイツの哲学者レオナルト・ネルゾンという人である。彼
は、どんな知的権威にも頼らないで考えることが「哲学」の本
当の在り方だという信念から、こうした対話による哲学教育の
方法を編み出した。それが時を経て、1970−80年代頃、ネルゾ
ンの弟子であったグスタフ・ヘックマンという教育学者が、こ
れを一般市民にも広め、現在のようなワークショップの形にな
ったと言われている。さらに1990年以降、ドイツ・イギリス・
オランダなどで行われるようになった。特にオランダでは、ソ
クラティク・ダイアローグをビジネスパーソン相手に行い、大
きな成功を収めた。経営者をはじめ、組織で働く人々が「対話」
することの大切さ、その驚きの力を、ソクラティク・ダイアロ
ーグから学ぶことになったのである。

　このように、哲学という少し変わった由来を持ちながら、哲
学に直接関わりのない人々も参加できる対話ワークショップと
して、ソクラティク・ダイアローグは行われている。筆者であ
る私も、これに出会い、その楽しさに共鳴し、進行役として日
本でソクラティク・ダイアローグを幾度となく行ってきた。本
書は、著書としてはおそらく日本で初めてのソクラティク・ダ
イアローグに関する紹介・解説書である。私の知りえた、また

経験した限りで、このワークショップの魅力を伝えることができればと思う。

　構成は次のようになっている。第1章「出会い」では、私が臨床哲学の仲間とともにソクラティク・ダイアローグに初めて参加したときの驚きを書いた。1999年だから随分昔のことになるが、その記憶は今も鮮明に残っている。これをきっかけに、私は「対話の哲学」というものを考えるようになった。

　第2章「対話の仕掛け」は、ソクラティク・ダイアローグの各ルールや局面を一つ一つ、私の進行役としての経験も交えながら考察したものである。それらはいずれも、いかに充実した対話を実現できるか、ということに向けられた工夫に満ちている。ソクラティク・ダイアローグは、それをかなり高い確率で実現する。そこで参加者は、自ずと対話してしまう。その「仕掛け」はどのようになっているのか、という観点で書いた。第3章「二つの事例」は、実際に行われたソクラティク・ダイアローグの、かなり詳しい紹介である。それぞれの対話で、参加者がどのようなことを考え・議論し、どのような結論を導いたのか。またその後の感想は、どのようなものだったのか。読者も、是非内容にまで踏み込み、ソクラティク・ダイアローグの「中身」の雰囲気を味わってほしい。

　第4章「歴史と今日の展開」では、ソクラティク・ダイアローグの歴史的・思想的な背景と今日までの展開を追ってみた。その成り立ち、改良、推進団体の設立、方法に関する論争、最近の動向、また数学の問題をテーマにした対話などに触れている。ソクラティク・ダイアローグも、おそらく他のワークショ

ップと同じように、方法に関する工夫の歴史・考え方の違いや対立を含みながら展開されている。それは常に、実施される場所や時代とともに変化するものであり、今後もそうである。今行われているものが、必ずしも「正しい」ソクラティク・ダイアローグだというわけではない。この点を考える上でも、この章は興味深い。第5章「SDをどう活用するか」では、社会の問題に対して「対話」はどこまで有効かという視点から、再び事例を二つ紹介する。一つは遺伝子診療、もう一つは在宅医療に関係する問題である。そこでソクラティク・ダイアローグを使った研究調査が行われた。単に（多くは教育目的で）実施されるのではなく、現実の問題を解決する（少なくとも考えを深める）ための哲学対話ワークショップである。そこには、また別の意味での「対話」に対する課題が浮かび上がる。

最後の第6章「対話と哲学」は、特にソクラティク・ダイアローグに限定することなく、そもそも「対話」というものをどう捉えればよいのか、またそれと関連して「哲学」をどう見ればよいのか、に関する私なりの考察である。これは、第1章で書いた「対話の哲学」と呼応している。ソクラティク・ダイアローグを単に紹介するのではなく、そこに惹きつけられている私の「対話」と「哲学」に対する捉え方も、同時に明確にしてみたかった。だから副題に「対話の哲学のために」という言葉を入れた。

巻末には、付録「ルールと基本的な考え方」と文献案内を付けている。付録は、ヨーロッパの推進団体が公表したものから成っており、とりあえずソクラティク・ダイアローグの「公式ルール・基本コンセプト」に当たる。文献案内は、古典／解説

はじめに

図書／シリーズ図書／論文等という区分けを設けて示した。多くはドイツ語だが、英語・英訳の文献もそれなりにある。ソクラティク・ダイアローグを実施しようとする人は、ぜひ参考にしてほしい。

目　次

監修者のことば　中岡成文　i

はじめに　vii

第1章　出会い　1

1-1　1999年夏、オックスフォード　1

他とは違うワークショップ／進め方とルール／
問い：理解するとはどういうことか／展開と選
択／最後のステップ

1-2　哲学の知識がなくても、哲学ができる　16

あなたたち自身が、解決しなさい／考えること
の定式化／ともに考える／哲学の知識がなくて
も、哲学ができる

第2章　対話の仕掛け　29

2-1　問いの設定　30

SDの「問い」たち／SDに適した問い

2-2　参加者のためのルール　36

心構えとしてのルール／聴くことの大切さ／
特別な約束ごと／合意を目指す対話

2-3　例の基準と詳述　48

例の基準の意味／例の共有と焦点化

xiii

2-4 進行役 　　　　　　　　　　　　　55
「参加者のもの」としての対話／「グループの
もの」としての言明／進行役の個性

2-5 メタ・ダイアローグ 　　　　　　　62
グループによる問題解決

2-6 答えの探究 　　　　　　　　　　　66
答えに至る過程／「当たり前」の定式化／さま
ざまな探究の方法

2-7 対話の時間と環境 　　　　　　　73

第3章 二つの事例 　　　　　　　　　　　　77

3-1 仕事をするとはどういうことか 　　77
例の提示・選択・詳述／答えの探究／参加者の
感想、SDのリスク

3-2 普通とは何か 　　　　　　　　　　90
テーマ（問い）の決定・例の提示／例の選択・
詳述／メタ・ダイアローグ／答えの探究1／
答えの探究2／答えの定式化／参加者の感想

第4章 歴史と今日の展開 　　　　　　　　125

4-1 レオナルト・ネルゾン 　　　　　125
ソクラテス的方法／哲学と政治の統合

4-2 グスタフ・ヘックマン　　　134
対話と教育上の方策／改良点

4-3 今日の展開　　　141
推進団体と国際会議／多様性の中で

4-4 数学 SD　　　150
乳搾り娘の計算／数学のイメージを変える

第5章　SD をどう活用するか　　　157

5-1 遺伝対話 Gen-Dialog　　　158
概要と工夫／ウィーンでの SD ／大阪での SD
／成果と課題

5-2 対話コンポーネンツ　　　177
構成と実施経過／在宅における医療行為／
課題と感想

第6章　対話と哲学　　　193

6-1 対話とは何か　　　193
歴史的伝統、討議倫理／組織における対話、会
話、カウンセリング／雲としての対話

6-2 臨床哲学と対話　　　204
コミュニケーションが／その場で／哲学する／
現場とは何か／現場が現場を反省する

付録　ルールと基本的な考え方　　　　　　　　　　　213
　　　　手続きとルール／砂時計モデル

文献案内　　　　　　　　　　　　　　　　　　　225

おわりに　　　　　　　　　　　　　　　　　　　232

第1章 出会い

1-1 1999年夏、オックスフォード

　1999年7月24日金曜日、わたしたち臨床哲学のメンバーは、イギリスの大学街、オックスフォードに来ていた。27日から4日間開催される「第5回哲学プラクティス国際学会：対話を通して考える」に出席するためである。出席と言っても、わたしたちが何かを発表するわけではない。臨床哲学が大阪大学大学院の研究室として設置されて2年目、「現場に臨む哲学」を唱いながら何をどうしてよいのか皆目見当がつかないなか、哲学を「開業 practice」している人々の集まりがあるらしい、とりあえず一度見に行こう、というのが目的である。

　哲学プラクティス（Philosophy in Practice）なるものがあるという。オックスフォードに行く前、わたしたちは「哲学カウンセリング」に関する文献を読んではいた。心理カウンセリングのようなことを、哲学者がやっているらしい。クライアントの悩みを、キルケゴールやニーチェの思想を使って紐解いて見せ、哲学が人々のために役立つことを示す「実践 practice」なのだそうだ。私の感想はこうであった。そのような哲学の使い方があるのはわかる。ヨーロッパの人々にとって「哲学」は、ある種

第1章 出会い

の伝統として、特にアカデミックな専門家でなくとも尊重され
ている。東洋的な伝統、例えば論語や禅を使ったカウンセリン
グをイメージすればよいのかもしれない。

いずれにしても、哲学カウンセリングにはあまり期待してい
なかった。それ以外の哲学プラクティスの実践に関しては、ま
ったく何も知らなかった。それよりも、慣れない英語で哲学の
議論ができるのか、そちらの心配の方が大きかった。というの
も、国際会議を見学するだけならまだしも、本大会前の3日間
にわたって行われる「ソクラティク・ダイアローグのワークショ
ップ Workshop of Socratic Dialogue」というものに参加する申
込をしていたからである。

他とは違うワークショップ

ソクラテスの名前があるからには、何か哲学に関係するワー
クショップなのだろう。しかし案内には「特に哲学の知識がな
くとも参加できます」と書かれてあった。それ以外何もわから
ない。テーマも知らない。案内に示されていたかもしれないが、
それどころではない。とにかく英語で「対話」しなければならな
い。

午前10時、20人ほどの人たちが、やや広めの演習室のよう
な部屋に集まっている。無愛想な感じの男性と、逆に笑顔が印
象的な女性が説明を始めた。この2人がワークショップの主催
者で、ソクラティク・ダイアローグ（以後これを SD とも略記する）
の「進行役 facilitator」を務めるらしい。簡単な日程表が配られ、
参加者たちの短い自己紹介もそこそこに、グループ分けが行わ

れた。参加者は全員で 17 人、9 人と 8 人の 2 グループに分ける
ということで、私は同行のメンバーとともに 8 人グループに入
った。これで午後から「対話」が始まる。わたしたちのグルー
プの進行役は、女性の方が担当することになった。

　日程表を見ると、初日は午後 3 時 15 分から 4 時 45 分まで一
時間半の「session 1」があり、30 分の休憩をはさんで「session
2」が午後 7 時まで、さらに夕食後にも「session 3」が 9 時 45
分まで予定されている。2 日目も、長い昼休みと 30 分の休憩を
とりつつ、朝 9 時 15 分から夜 9 時 45 分まで。3 日目の「session
12」が終わるのが午後 4 時 15 分で、最後に 2 グループが集まっ
て「evaluation」（評価）を 1 時間半やって終わりとなる。夕食
後も夜 10 時まであるが、昼休みや休憩時間はゆったりとってい
る。それにしても長い。合計 12 セッションだから 120 分×12＝
24 時間もの時間をかけるのである。

　国際学会は、このワークショップを含めて「ウォーダム・カ
レッジ Wadham college」という学寮を利用して開催される。講
義室・演習室の他、学生や教員の宿舎も揃っており、夕食も用
意される。わたしたちを含め、ほとんどの参加者は学寮内に泊
まり、いわば合宿形式で、夜まで、思う存分「対話」ができる
というわけである。時間のかけ方からして、何か他とは違うワ
ークショップだなと感じた。

　午後 3 時 15 分、わたしたちのグループは、別のやや小さめの
演習室に集まった。進行役を含めて 9 人が入ると、中央にある
机を囲んでほぼ一杯になる程の大きさである。部屋の隅に一脚
のフリップチャートが置かれている。進行役の女性があらため
て自己紹介をするとともに、参加者全員に自己紹介を促すとこ

第1章　出会い

ろから SD は始まった。

進め方とルール

　進行役の名はカリン・ムリス（Karin Murris）。イギリスの大学
で講師をするとともに、対話を主軸にした教育（その中には「子
供とする哲学」も含まれる）を推進する団体を立ち上げ、精力
的に活動しているという。出身はオランダ。ちなみにもう一つ
のグループの（無愛想な感じの）進行役はハンス・ボルテン
（Hans Bolten）という。同じくオランダ出身だが、彼は自国で活
動している。ワークショップの間、2人の進行役の名前をとっ
て「ハンス・グループ」「カリン・グループ」と呼び合うように
なった。

　わたしたちカリン・グループの参加者は、次のような顔ぶれ
であった。オーストラリアから来た企業コンサルタント、オラ
ンダの学校教師、対話コンサルタントをしているというドイツ
人、ベルギーの会社員、フランスからは教育関連企業の経営者、
カナダから来た大学院生（哲学専攻）、そしてわたしたち（当時
は2人とも大学院生）である。国も職業も、実に多彩である。特
に哲学を専門に何かをしているわけでもない。むしろ、仕事や
研究の上で「対話」を必要とし、関心を寄せる人たちが集まっ
たという感じであった。

　自己紹介が終わると、カリンがテーマを示すとともに、その
進め方について手短かに説明を始めた。次の5つのステップで
対話を進めるということである。

① テーマ：理解と誤解（Understanding and Misunderstanding）
② 例（example）を出し合う。また問い（question）を出し合う。
③ 出し合った例・問いを、それぞれ一つ選ぶ。
④ 選ばれた例を詳しく記述し、その中から核になる文（core statement）を見つける。
⑤ 問いの答え（answer）を出し合い、対話によってグループとしてまとめる。

　テーマに関連した「問い」に対して「答え」を出す。この構造は理解できた。しかし、どんなふうに対話が進むのか見当がつかない。だから、ある種のアンカー（重し）として「例」がある。カリンはこれを、砂時計のような図を描きながら説明していた（砂時計モデルについては本書の付録「ルールと基本的な考え方」を参照）が、要は対話の進め方を全体として把握するための視覚的な工夫である。これから長い時間をかけて対話を行う際、参加者が「今、どのあたりにいるか・何をすべきか」を共有することができる。

　これなら、なんとかついていけそうだ。一つのテーマ、しかも「理解と誤解」といった考えようによっては深く哲学的なテーマで、いきなり「対話しましょう」というわけではなさそうである。しかし、何となく安心すると同時に、懸念も起こってきた。これは、対話や議論と呼べるものなのだろうか。そのような方法なのだろうが、何か型にはまった対話・議論になってしまうような感じがする。一つの「例」に基づいて対話する、というのも大きな制約だと感じられた。

　制約と言えば、上の5つのステップの説明とともに、参加者

に対するルールも示された。その中に「専門的な用語や、本で読んだ知識を持ち込まない。他人からの受け売りも避ける」というルールがあった。これも一見すると、自由な対話・議論を制約するものであるように見える。しかしこの場合、対話を「型にはめる」という制約ではない。むしろ、参加者に対して「自力で考えさせる」ように仕向けるためのルールである。この他にも「自分の考えをできるだけシンプル・クリアにして発言する」、「他人の発言をできるかぎり理解しようと努める」、「疑問点は放置せず、必ず質問する」といったルールが示された。いずれも、参加者が対話・議論に対して一人も置き去りにされることなく、全員が等しく積極的に関われるようするためのルールである。

問い：理解するとはどういうことか

　進め方とルールの説明が終わって「例」と「問い」を出し合うことになった。カリンは参加者に、テーマに関連した一つの例と二、三の問いを出すよう促した。ちなみに「例」に関してもルールがある。参加者が実際に体験したものでなければならない。架空の作り話や、いくつかの体験をまとめて「自分はよくこんな経験をする」といった話では不適切なのだそうだ。とにかく「いつ、どこで、私はこんなことをした、こんなことに出会った」と（正確に覚えている必要はないが）特定できるような体験を語らなければならない。

　参加者から出された「例」はさまざまであった。人に道を尋ね、その言葉は理解できたのに、実際にはその道筋が予想外に

1-1　1999 年夏、オックスフォード

複雑で目的の場所に辿り着けなかった経験。病気で死にゆく友人に励ましの言葉を投げかけたが、それが理解されたかどうかわからなかった経験。自分の言ったジョークが相手に理解されなかった経験。その他、生徒と教師との間での理解と誤解、仕事上での伝達ミスなどが、「理解と誤解」というテーマに関連して出された。これと並行して、それぞれの「例」に対応する「問い」も参加者から出された。これもまた多様である。板書された「問い」を列挙してみる。

- 理解するとは何を意味するのか
- どのような環境において、理解は損なわれるのか
- 何かを理解するために必要な情報／知識は、どれほどの多さか
- 専門的な能力を遂行することは、仕事の意味を理解しているということなのか
- 理解は、どれほど経験に依存しているのか
- 理解するために、どのような情報／知識が必要か
- 理解することは、何に基礎を置いているのか
- ジョークがジョークとして理解されるのは、何によるのか
- 理解／誤解に際して、言葉の異なる解釈はどれほどの役割を持つのか
- 理解（ないし誤解）において、文化はどれほどの影響を持つのか
- 言葉の（誤った）解釈を、人は避けることができるのか
- 何かを言うときの、その「言い方」は、理解にどれほど影響をもたらすのか
- 理解のために何かを知ることは必要か
- 理解するとは何を意味するのか、またそれが上手く行かないのは

7

第1章　出会い

何故か
■ 理解のためにさまざまな要素が求められるが、そこで環境はどのような役割を担うのか
■ わたしたちは、一つの事柄を理解するとき、何かそれ以上のものを持っているのか
■ 理解するとは、どういうことか

　興味深かったのは、これほど多くの異なる「問い」が出されたこと、それらがリストのかたちで参加者の前に現れ出たことである。理解と誤解というテーマに関心を持っているとして、参加者は、それぞれ自分なりの「問い方」をする。理解／誤解について考える（問う）場合の着眼点は一様ではなく、求めるもの（答え）もまた一様ではない。仮に「問い方」について何も検討せず、それについては参加者に任せたままで対話・議論を始めたとすれば、どうなるだろうか。たとえ一つの「例」に基づくとしても、参加者は、自分なりの問いに向かい、自分が求める答えを自分で考えるしかない。それを、みんなで集まってやっているだけに終わる。対話・議論においてさまざまな対立や齟齬があったとしても、それは「問い方」が異なっていたからである。逆に、テーマに関連して一つの「問い」が最初から決まっていたとすれば、どうだろうか。そうなると今度は、決められた「問い方」に関心が向かないまま、対話・議論に付き合うだけの参加者が出てくる。

　SD は、すでに「問い方」のレベルで、参加者間の違いを明らかにする。普通、対話や議論において、わざわざ「問い方」そのものから検討していくだろうか。「問い」や「問題」といった

ものは、あらかじめ決まっているか、参加者が個々に携えているものとして出発するのが、対話・議論の一般的なイメージである。SDはそのイメージを壊す。本当は「問い方」の微妙な違い、着眼点の違いや関心の方向性の違いなど、さまざまなズレが対話・議論を始める前にある。列挙された「問い方」を見ても、その多様性や豊かさが伺い知れるであろう。一つのテーマであっても、その「問い方」は参加者によって実にさまざまであり、まずはその「違い」を、リストのかたちで見えるようにするのである。

　しかも、これらの「問い」たちは、進行役によって非常に丁寧に聞き出され、シンプルな文章の形へと定式化される。「あなたは、どんな問い方を携えているのか、是非知りたい」という進行役の態度。あれこれ考えて上手く言えないときには、辛抱強く待ってくれる。他の参加者にも協力を促すとともに、みんながその「問い」を理解できているか、いちいち確認するのである。一つの「問い」が定式化される毎に、カリンが笑顔で「みなさん理解できましたか」と聞いていたのが印象的であった。そうして時間をかけて、自分は何を問おう（考えよう）としているのか、また他の人が何を問おうとしているのかが、クリアになっていく。

　このように「例」と「問い」が出そろったところで、今度はそれらを一つに絞っていく作業に入る。どの「例」が探求するのに相応しいのか。どの「問い」に対して、グループが共同して「答え」を求めるのか。それぞれの参加者が出した「例」と、対応する「問い」とは差し当たって無関係に、グループが対話を通して選ぶ。選ばれた「例」は、「人に道を尋ね、その言葉は

第1章　出会い

理解できたのに、実際にはその道筋が予想外に複雑で目的の場所に辿り着けなかった」という体験であった。理由はそれほど深くない。「理解と誤解」を考えるに当たって、シンプルかつありふれた体験であること、それゆえにみんなで探求するのに相応しい素材であること、これが理由であった。「理解と誤解」を深く掘り下げて考える機会だから、もっと深みがありそうで特殊な例、例えば「病気で死にゆく友人に励ましの言葉を投げかけたが、それが理解されたかどうかわからなかった」体験が選ばれそうなところだが、そうならないのが面白い。また、これも十分な話し合いの末、グループが共同で向かう「主になる問い main question」も定式化された。それは次のようなものである。

　　■さまざまな種類の理解が試され、また情報／知識の質が含まれる
　　　限りで、理解するとはどういうことか

　こうして「例」と「問い」のセットが出来上がった。この時点で2日目の午前、session 5 が終わったところである。つまり120分×5＝10時間を費やして、わたしたちはやっと、対話のいわばスタートラインに辿り着いたわけである。なんとゆっくりした時間の使い方か。しかしまた、何と濃い時間であったことか。「問い方」を含めた言葉の一つ一つ、参加者の発言の一つ一つに向き合い、それらが定式化されるのを辛抱強く待ち、その間に自分の頭の中でもあれこれ思いを巡らす。一つのテーマについて、これほど「考える」時間を使う経験は、そうそうあるものではない。しかも、そのような時間を他の参加者と共有す

10

るような経験など、未だかつてなかった。これは驚きである。何の予備知識もなく参加した、それゆえ特別な期待を持っていたわけでもない SD ワークショップ。私は、これまであまり考えたことのなかった「対話 dialogue」というものについて、考えざるをえなくなった。

展開と選択

　次のステップは、選ばれた「例」を詳しく記述する作業である。これもまた、例の提供者からカリンが丁寧に事情を聞き、参加者の同意を得つつ書き出していく。記述の途中、より細かな事情に関する質問も受け付け、それを書き入れるかどうか、やはり一つ一つみんなで検討していく。模造紙数枚にわたって書き出されたストーリーは、おおよそ次のようなものであった。例の提供者はカナダの大学院生で、英語は話せるがイギリスに来たのは初めてだという。

　彼はこのワークショップに参加するために、前日ロンドンに着き、オックスフォードに行くための列車を探していた。しかし、何番線から、何時に、どこ行きの列車に乗ればよいのか、人に尋ねたり鉄道案内に電話で聞いたりしたところ、幾つかの経路があるようで何が最善なのかよくわからない。とりあえず、これと決めて列車に乗ったものの、本当にオックスフォードに行けるのか不安になり、同乗の人に尋ねて確かめてみたりする。しかし、乗換えの駅に着いてみると、オックスフォード行きの列車はちょうど駅を出た後だった。次の列車に乗って、ようやくオックスフォードに到着した。その時点で相当疲れていた。タクシーに乗って、予

第1章　出会い

約しておいたホテルに着く。しかしヨーロッパではよくあることだが、ホ
テルのフロントがある建物と、泊まる部屋は離れたところにあり、鍵をも
らって自分で部屋まで行かなければならない。ポーターに道を尋ねると、
地図を出して示しながら、あれこれ細かいことを言い出す。言っている
言葉は完全に聞き取れたが、カナダではほとんど使わない街や建物を
指す用語がたくさん出てきて、上手くイメージできない。例えば、部屋は
"staircase No. 24" にあると言われたが、"staircase" がどういうものなの
か、それとも場所のことなのか、よくわからない。そう思いつつも、地
図を見ながら歩き出した。一応ポーターから情報を得たわけだし、実際
に行ってみれば何とかわかるだろうと。しかしどうしてもわからず、疲れ
もあったのだろうが、結局、部屋には辿り着けなかった。

　例が全て書き出された後、参加者が協力して「核になる文」
を見つける。細部にわたってストーリーが展開され、それが参
加者の目の前に現れ出てから、今度はその中から「核」になる
ものを選び出すのである。これは、参加者が「例」や「問い」
を出し合い、そこから一つを選ぶ作業と同じような手続きであ
る。つまり、できる限り多くの体験・問い方を出し合い、また
例の中の事実を確認し合い、その「違い」や「詳しさ」を見え
るようにした上で、そこからグループが重要と思うものを「選
ぶ」作業、これを繰り返しているのである。まずは押し広げ（展
開し）、そこから一つに絞り込む（選択する）。SD が「驚き」の
時間を作るのは、このあたりに秘密があるのかとも感じた。例
の中から見つけ出された「核になる文」は、つぎのようなもの
であった。
　　■私は得られた情報から、ホテルの部屋に行く道について理解でき

たと思った。

部屋に行く道を「理解できたと思った」が、実際には辿り着けなかった。そこで「理解するとは、いったいどういうことなのだろう」という「問い」が、自ずと参加者全員に、具体的なかたちで迫ってくるようになる。そして、具体的であるからこそ、これなら「答え」が出せそうだという雰囲気にもなる。難しくて抽象的な話は、ほとんどしていない。ただ、眼前の具体例と、極めてシンプルに定式化された「主になる問い」があるだけである。しかし、この時点で3日目の朝、session 10まで費やしている。残り2セッション（3時間）で本当に「答え」は出るのだろうか……。

最後のステップ

最後のステップは、やや急ぎ足で進んだ。進め方は、例によって「展開／選択」の作業である。カリンは、時間がないので、とにかく「答え」と思われる文章を参加者それぞれが作り上げ、発表していくよう提案した。発表途中の追加も含めて、次のような「答えの試み」が書き出された。

1. 理解とは、言葉のパーツと（部屋を見つけるための）地図を一緒に置くことである。
2. 理解は、（部屋を見つけるために歩き出す）行為を起こすには、十分なものであった。
3. 私は、ポーターや地図から得た情報より以上のものを探した。し

第1章　出会い

かし部屋を見つけることができなかった。それゆえ、私は混乱
してしまった。

4．理解を確実にするために、わたしたちは言葉以上のものを必要
とする。

5．理解とは、必ずしも部屋を見つけること意味するのではない。

6．もしポーターが「私の指図が理解できたか」と尋ねたとすれば、
おそらくイエスと言ったであろう。

7．私はポーターの言葉を理解したが、どのように部屋に行くのか
を理解していなかった。

8．わたしたちは、理解と無理解を同時にする。つまり言葉を理解
したが、部屋に行く方法は理解していなかった。

9．私はポーターの言葉と地図を理解した。しかし、部屋を見つけ
ることは「理解する」ということを意味しない。

10．私は情報を理解することができたが、それに則って行為するこ
とができなかった。

11．もし私が、部屋がどこにあるかを理解していたとすれば、たと
え部屋に行かずとも、部屋を見つけることができたはずだ。

12．理解すること、理解したと思うことの間には違いがある。私が
理解しているとすれば、その理解を示してみせることができる。

13．もし私が、部屋がどこにあるかを理解していたとすれば、部屋
を見つけに行くかどうか選択できたはずだ。

何とも中途半端な「答え」たちである。そもそもこの例は、
「理解できた」例なのか、それとも「理解できなかった」例なの
か。参加者の間でも、また一人の参加者の心の中でも、微妙に
揺れている。それが「答えの試み」の中に現れ出ている。言葉

14

1-1 1999年夏、オックスフォード

は「理解できた」としても、実際に部屋を見つけられなかった
のだから「理解したことにはならない」のではないか。この間
を埋める、適切な表現が見つからない。しかし、これを明確に
言い表すことができれば、「理解するとは何を意味するのか」に
対する「答え」が、それなりに満足のいくかたちで得られるに
違いない。もう一歩だ。わたしたちは苦悩する。イライラする。
カリンは再度、これらの「答えの試み」をひとつひとつ読み上
げ、みんなが共通に感じているであろう「何か」を探るよう促
した。何度か、これらの文を改良し、よりみんなが納得できる
ような表現が模索された。そこで、最終的なグループの「答え」
としてまとめ上げられたのが、以下の文である。

A. 理解するとは、次のような道具を持つことである。すなわち、あ
   る状況の取扱に際して情報とスキルを伴いつつ何事かを為すため
   の道具を持つこと、である。

B. 理解するとは、問題が求めるものを満足させる限りにおいて、何
   かをつかみ取ることである。ここで「問題が求めるもの」とは、
   何かを成し遂げるために知る必要があるもののことであり、知的
   なもの・何かを知るためのもの・目的を達成するためのもの、な
   どがある。

C. 理解するとは、情報を受け取ること以上の何かである。ただし
   「以上の何か」は時に不明瞭でありうる。

D. これら A、B、C は、理解することの全ての範囲をカバーするわ

第1章　出会い

けではない。なぜなら、理解するとは不連続な変化を伴う動的な
過程だからである。

　この時点で session 12 が終了した。わたしたちは、さらに「答
え」を精錬させることができるかもしれないという未練を残し
つつも、それなりの成果を得たとして SD を終えた。3日間グルー
プが忍耐強く対話してきた成果がここにある。長かった。紛
糾もした。しかし、その過程は、振り返ってみれば、楽しく充
実した時間であった。最後のセッションが終了したとき、参加
者は全員、満面の笑顔で拍手を送った。ここまで「対話」を導
いてくれた進行役への感謝の気持ちがあった。同時に「理解と
誤解」について、わたしたちは、これだけの成果を出したのだ
という達成感があった。それに対する、自分たち自身への拍手
であった。

1-2　哲学の知識がなくても、哲学ができる

あなたたち自身が、解決しなさい

　3日目 16 時 30 分、二つのグループが最初の広い演習室に集
まった。SD の「評価 evaluation」を合同でするためである。ハ
ンス・グループは、どうだったのだろうか。詳しいことはわか
らないが、そちらのグループに参加した同行者によれば、理解
することの「心理学的な解釈」をめぐって相当紛糾したらしい。
進行役（ハンス）に助けを求めても、「それは、あなたたち自身
が対話によって解決しなさい」と、ぶっきらぼうに投げ返され

16

るだけであったとか。なるほど、SD の進行役は「対話の内容に
関する事柄にはタッチしない」というルールでやっている。確
かにカリンもそう説明し、そうしていた。対話の「内容」に関
する問題は、参加者が参加者自身で解決しなければならない。
内容について、参加者の誰かが「心理学的な解釈」を持ち込み、
それを「専門的だ」と他の参加者が指摘したとすれば、グルー
プは、その「専門的な解釈」をどのように処理するのかについ
て対話し、グループの中で解決しなければならない。

　こうした複雑な状況に陥ったとき、SD では「メタ・ダイアロー
グ」というルールがある。対話について対話するという、一
階上の（メタ・レベルでの）対話の時間を特別に設けるのであ
る。これは「戦略ダイアローグ」とも呼ばれる。対話が紛糾し
たとき、どのように対話を進めるのかについてグループが対話
する時間である。カリン・グループではあまり気にならなかっ
た（一回だけ「メタ・ダイアローグ」をやったように記憶して
いるが、それほど大きなものでなかった）が、ハンス・グルー
プはそうではなかったらしい。私はそのグループにはいなかっ
たが、これも SD の面白い部分かと思った。

　また、こんな話も聞いた。ハンス・グループのある参加者は、
2 日目に別の用事を入れていて、途中で SD を中座する予定であっ
た。初日や 3 日目は参加するのだから、なんとかなるだろう、
と考えていたようである。しかし、このことをハンスに告げる
と、ハンスに渋い顔で「参加できない。参加するとしても、発
言をしないオブザーバーの立場でいてほしい」と言われたとい
う。SD では、参加者は全ての対話の時間に臨席していなければ
ならないという原則がある。この原則を守れない限り、参加者

第1章　出会い

の資格がない、ということである。そう言えば、わたしたちの
グループで、3日目の朝一人の参加者が朝寝坊で時間になって
も姿を見せないことがあった。このとき、カリンは「全員参加
が原則」ということで対話を始めなかった。しばらくしても現
れないので、別の参加者が宿舎の部屋に呼び出しに行き、全員
そろったところでやっと始まった。

考えることの定式化

　さて、合同セッションでは「SDは何をもたらすのか」という
テーマで、自由に感想を述べ合った。再び全員が集まってわか
ったことであるが、参加者の中には、わたしたちのように初め
てSDを経験した人もいれば、すでに何度かSDを経験してい
る人もいたようである。そうした人々が、批判も含めてさまざ
まな意見を述べた。板書されたものを書き写した私のメモには、
次のような言葉が残っている。

- 考えることの定式化
- 異なった仕方で、互いに話し合うこと
- リアルな経験に即して、ともに考えること
- しかし、こうしたことは、直接何かの役に立つとは言えない

　このうち「考えることの定式化 formulation of thinking」とい
うことについて、特に印象に残っている SD の特徴がある。そ
れは進行役の板書の仕方に関する特徴である。
　カリンは（おそらくハンスもそうであったと思われる）、重要

と思われる参加者の発言を、全て文章にして板書した。最初の
説明でも、参加者の発言を "statement" として定式化する、とい
った趣旨のことをカリンが言っていた。ちなみに "statement" と
いう語は「述べること・述べられたこと」という意味で、「声
明」「供述」「陳述」「言明」などといった訳がある。どの訳語が
適切かは脇に置くとして、とにかく参加者の発言が、単なるキ
ーワードではなく、ひとつの意味ある完結した「文章」になっ
て残る。これは、参加者が出した「例」や「問い」、選ばれた
「主になる問い」、詳しく記述された「例」と「核になる文」、そ
して「答えの試み」と最終的な「答え」だけにとどまらない。
対話の途中でさまざまな考えが参加者から出てくるのだが、そ
れらの主な発言もまた「文章」化される。これらが、フリップ
チャートの模造紙に書き込まれ、その模造紙がすべて、部屋の
壁に次々と貼付けられる。こうして参加者は、それまでの対話
の内容をすべて、いつでも読むことができるようにしておく。
それが後続する対話で参照・言及されることにもなるのである。
３日間の対話が終わったときには、部屋全体の壁に 10 枚以上も
の模造紙が貼付けられていた。

　板書にはさまざまな仕方があるだろう。しかし、例えばディ
スカッションや会議などで、誰かの発言をメモしておくとき、
わざわざ「文章」の形にする習慣はあるだろうか。たいていは、
その人の発言を記憶に留めておくための簡単なキーワードを書
き残しておく程度が、普通のやり方なのではないだろうか。い
ろいろと発言される内容は、その場にいる限りでは理解できる
ものであるし、議論全体の流れを把握していれば、簡単なメモ
で十分なようにも思われる。自分の発言が「文章」にされなく

とも、特に気にはならない。むしろ、発言をいちいち文章にして板書することになれば、話の流れを止めることになり、かえって対話の活気を失わせるのではないか。参加者が対話に入り込み、対話が「弾んでいる」ときには、そもそもメモなどの必要さえも感じない。

ところが、どうだろう。キーワードのメモや参加者の発言の記憶（だけ）を頼りに議論が進められるとすれば、どうしても、それぞれの参加者の「曖昧な記憶」や「勝手な解釈」が入り込む。それが議論の中に持ち込まれることにもなり、再びそれが曖昧に記憶・勝手に解釈される。こうしたものを積み重ねた（だけの）ものが、はたして対話・議論と呼べるようなものなのか。なるほど、対話や議論が、喧々諤々・丁々発止のやりとりとして、活気づくのかもしれない。それなりに対話が弾む・議論が深まることもあるだろう。最終的な成果や結論も、出そうとすれば出せる。しかし、対話・議論のプロセスという面から見ると、それが本当に「かみ合っていた」かどうか、心もとない。結局それも、それぞれの参加者の「曖昧な記憶」と「勝手な解釈」に委ねられて終わるのだから。

また文章化の作業は、個々の参加者にとって、とてつもなく考えることを強要する。ディスカッションなどで、参加者は、自分の思ったこと・考えたことを、特に難しいとも感じることなく自然に口にする。饒舌に喋り出すことさえある。しかしその考えを、あらためて「簡潔な文章にすれば、どうなりますか」と促されたとすれば、どうか。そう簡単ではない。自分の考えを、再度自分の頭で整理し直し、自分は何が言いたかったのか、もう一度吟味する必要に迫られる。もちろん、ディスカッショ

ンの最中、さまざまなことを思い、その中で自分の言いたいことを整理しようとするときもある。しかし、今度は逆に複雑に考え過ぎてしまって、それを言葉にするのが精一杯で、やはり「簡潔な文章」にするのは難しい。

あるいはこんなこともある。ほんのひとこと、短い思いつきを述べたとして、それを「文章にして下さい」と言われたとする。これも簡単にはいかない。今しがた、自分が喋ったことなのに、忘れてしまっている場合が多いのである。自分で「今、何て言ったか」と思い返してみて、その「ひとこと」を文章にするだけでも結構苦労する。同じことは、発言を聞いている他の参加者にも言える。誰かが、短く何か言ったとする。他の参加者は、それにうなずく。理解できているのだ。しかし、では「その人の言ったことを文章にして下さい」と向けたとき、どうか。うなずいていたにもかかわらず、簡単には文章化できない。

要するに、口頭でのやりとりで、わたしたちは相手の言ったことを、確かに理解はしていても、正確には記憶していない。それでも会話は十分成り立つ。しかし、そこに「文章化」という作業を差し挟むだけで、人は大変な困難を覚える。そして、その場で文章化する作業をやってみると、それは「とてつもなく考える」ことになる。SDでは、この作業が繰り返される。もちろん、発言してそれを何とか文章化しようとする参加者を、進行役は辛抱強く待ってくれるし、他の参加者が何か言おうとするのを制してもくれる。しかし、その内容についてアドバイスしたり、要約して文章化してくれたりはしない。進行役が、他の参加者に「理解できたと思った人は、彼／彼女の言ったことを代わって文章にしてあげてみて下さい」と援助を促すこと

もある。いずれにしても、文章化は参加者自身が行う。進行役は、それに関して助言したり要約したりすることはなく、ただ「促す facilitate」ことに徹するのである。

このような対話の進め方が、合同セッションで「考えることの定式化」という言葉となって現れたのであろう。あえて言うが、この「文章化」による対話の進め方は、私には衝撃的な体験であった。私も、哲学を勉強してきた者として、ものを「考える」ことについてはそれなりの自負がある。しかしこれほど（理解と誤解について）丁寧に、時間をかけて考えた、考え抜いた経験はない。まるで自分がヴィトゲンシュタインにでもなったかのようであった。ヴィトゲンシュタイン、特に彼の後期思想は、「言葉の意味」について専門用語を一切使わず、簡潔な文章や単純な例を示すだけで、自分の考え（思想）を展開した哲学者である。『哲学探究』という本を読めばわかるが、単語や文の構成だけを見れば高校生でもわかるような、何と簡潔明解な文章であることか。もちろん、その言葉は深く、人を考えさせるものである。それとほとんど同じことを、いま私はやっている。哲学者くさい比喩ではあるが、そんな感覚になった。

ともに考える

文章化の作業は、参加者個人を考えさせるだけではない。それは「グループが考える」ということでもある。書き出された文章たちは、それぞれの参加者が出した「意見 opinion」ではなく、グループが対話の中で考え出した「言明 statement」の集積である。一人の参加者が出した言明に対して、他の参加者が反

応し、別の言明を出す。また、それらの言明に現れた違いや共通点に気づくことから、さらに別の言明が定式化される。こうして言明が言明を呼び、さまざまに異なる言明が展開されるとともに一つの言明が選択され、「問い」に対する「答え」が出来上がっていく。この集積物は、もはや参加者個人のものではない。それは、個々の参加者からは独立した、それとは別の「グループによる思考」の産物である。合同セッションの中で出された感想、つまり「異なった仕方で、互いに話し合うこと talking differently with each other」や「ともに考えること thinking together」といった言葉は、この「グループが考える」という側面を表している。

　しかしまた、それでどうなるのかという疑問も、多くの参加者から出された。SDは、グループが「ともに考える」機会を提供する。それは確かなことである。しかし、それは何の役に立つのか、というわけである。個々人を「考えさせる」という意味では、哲学のみならずビジネスを含むさまざまな領域での教育の役に立つであろう。しかし、グループが考えた成果としての「答え」を、どのように役立てることができるのか。

　この難しさは「問い」の性質にも関係している。SDで立てられる「問い」は、多くの場合ものごとを根本から問い直すものである。専門的な知識・技術によって解かれたり、外部のデータに依拠して検証されたりするような問題とは、性質を異にする。それは、わたしたちが日常生活の中で、ふと立ち止まって疑問に感じる事柄、誰もが知っていると思いつつ、その意味や価値はどのようなものなのかと、あらためて反省を迫られる事柄、そうしたものを「問い」の形にしたものである。理解と誤

第 1 章　出会い

解というテーマで立てられた「問い」もそうだった。言葉は理解できたのに、部屋に辿り着けなかったという日常的な体験、そこから「理解するとはどういうことか」と問う。このような「問い」を、人は常に抱えて生活しているわけではない。けれども、日常の中で誰もが問いうる問いであり、この意味で普遍的である。しかしそれは、具体的な問題解決のために立てられたものではない。何かの役に立つかどうかとは、差し当たって無関係に立てられた「問い」である。だから「答え」の方も、特に何か具体的な問題に答えることにはならない。

　合同セッションで、この議論はずいぶんと盛り上がった。それは SD に対して否定的な意見が噴出したというわけではない。むしろ、自分たちが忍耐強くやってきた対話、その楽しさや難しさをどう評価すべきか、そこに何か積極的な言葉を求めようとする熱意からであった。少なくとも私には、そう感じられた。しかし、その言葉が上手く見つからない。結局、SD は「直接何かの役に立つとは言えない」ということで終わった。ワークショップを主催したハンスやカリンも、SD が何の役に立つのか・役に立たないのではないかといった疑問に対して、ことさら弁明することもなく、参加者の議論に任せていた。議論の終わりの方で、ある参加者が言った言葉が、印象に残っている。SD の「答え」が役に立つかどうかは、たいした問題ではない。重要なことは「ともに考える」ことだと。やや強引な感じもしたが、SD の評価を示す端的な言葉として、みんなを納得させたように思われた。こうして 3 日間にわたるワークショップの幕は閉じた。

哲学の知識がなくても、哲学ができる

　ワークショップを終えて、私は少なからず興奮していたように思う。そこには驚きや衝撃的な体験があった。翌日から本会議が始まり、さまざまな哲学プラクティスの実践報告を聞いた。そこでは、哲学カウンセリングや子供のための哲学に関するワークショップ・講演、あるいは「哲学ディナー」（哲学カフェ）といったものも行われた。そこで得られた知見も新しいものばかりで、それなりに充実したものであった。しかし何といってもSDのインパクトが、私にとって大きかった。その面白さや可能性について、本会議中の夜、臨床哲学のメンバーたちとも（私の場合、けっこう熱く）語り合ったりもした。

　何が面白かったのか。私にとっては「グループが考える」という着想を得たこと、SDはそれをかなりの確実性をもって実現する「方法」であると思われたこと、これが一番の興奮であった。しかも、哲学を含めた専門的な知識を用いることなく、それができる。これは臨床哲学で使えると思った。

　普通、考えるという営みは個々人がするものである、と思われている。まして、何事かを深く根本から、独自の資質や個性をもって考える哲学のような営みでは、なおさらである。対話や議論のように複数の人が関わり合う場合でも、それぞれが自分の考えを出し合い、それらを交差させるといったイメージが一般的である。つまり「個人が考える」ことはあっても、それとは別に、それと並行して「グループが考える」とは思いもよらない。この二つは、同じことを別の観点から言い換えたものに過ぎない、と言えるのかもしれない。しかしSDでは、後者の観点が否応なく浮き出てくる。それほどグループ自身の思考

として、質のある対話が実現するのである。

　考えるのは誰なのか。人が考えるだけではない。グループ、あるいはグループの対話の中で生じる発言の連鎖そのものが、独自の「質」をもって展開する。この観点から、あらためて「考える」ことについて考え直す必要があるのではないか。そこに潜む独自性や可能性は、どのようなものなのか。SDを体験したことで、私はこうした課題に出会うことになった。同時に、ここから「哲学」について考え直すことにもなった。つまり、哲学するのは誰なのか。哲学者が哲学するだけではない。個々人が哲学するだけでもない。グループ、あるいはグループの対話そのものが、独自の質をもって哲学を展開させもする。自分が哲学するつもりはなくても、グループが、ある意味で否応なく「哲学してしまう」のである。

　これは哲学に関する発想の転換である。この章の始めに、私は「哲学カウンセリング」について少し触れた。そこには「哲学を使って何ができるのか」という観点しかない、既存の哲学を理解するので精一杯なのに、それを「使う」ことなどできるわけがない。そう思って、近づくことをためらっていたのである。しかしそれは狭い了見であった。既存の哲学を使うといった発想ではなく、その場で「哲学してしまう」ような対話を展開すること。そうした哲学対話の方法を使って何かをすること。これもまた哲学である。とりわけ、現場の人々とともに「物事を考える＝哲学する」とすれば、こちらの哲学の方が適しているのではないか。その可能性を感じることができる。また対話の進行役も、哲学カウンセリングとは違って自分にでも十分できそうな気がする。

1-2 哲学の知識がなくても、哲学ができる

　臨床哲学として SD をやってみよう。それを使って何かができるに違いない。オックスフォードでの SD との出会いは、私にとって臨床哲学の原点と言えるものであった。

第2章　対話の仕掛け

　ソクラティク・ダイアローグは、かなり特異なワークショップの方法である。テーマを決めて対話・議論するだけではない。そこでグループが「哲学してしまう」のである。以下では、SDにおけるさまざまな方法上の特徴に着目し、私の経験や事例なども交えつつ、それらを 1. 問いの設定、2. 参加者のためのルール、3. 例の基準と詳述、4. 進行役、5. メタ・ダイアローグ、6. 答えの探求、7. 対話の時間と環境、の順に一つずつ考察することにしよう。

　ここで SD の各局面・各ルールを細かく分解して検討することになる。もちろん、これらを知っていなければ SD に参加できないということではない。しかし SD を行う進行役としては、大切な事柄（と私が考えるもの）である。それは、対話によって哲学する「仕掛け」を考えることでもある。またこの章では、本書巻末の「付録：ルールと基本的な考え方」に言及することも多いので、そちらも合わせて読んでいただければ幸いである。

29

2-1　問いの設定

　SD において「問い」は対話の出発点であり、最終的な「答え」に至るまでの方向性を決定するという意味で、対話の内容全体を支配する基軸である。では、どのような「問い」が SD で扱われるのか。SD に適している／適していない「問い」とはどのようなものか。また、それは何故なのか。こうしたことについて考えてみる。

　その前に「問い」設定の手続きについて触れておこう。第 1 章で紹介したように、SD を始めるにあたってテーマが示されており、それに関連して参加者が「問い」を出し合い「主になる問い」を一つ選ぶ、という手続きがある。他方、主催者が最初から「問い」を示しておき、それに関心を持つ参加者が集まって SD を行う、というかたちをとることも多い。参加者で「問い」を出し合い・選ぶ、というステップが省かれるのである。これは確かに時間の節約にはなるが、参加者が共同で「問い方」から吟味する過程を経ないという意味で、SD の面白さが削られる。どちらで行うかは、SD の目的や参加者の顔ぶれ・時間の制約などによって変えることができるだろう。もちろん重要なのは、参加者が「問い」に関心を持っていることである。それゆえ最初に「問い」を決めていたとしても、あらためて参加者全員に、この「問い」で対話をするか、別の問い方に変えた方がよいか、確認することから始めるべきである。

SDの「問い」たち

　さて、SDではどのような「問い」が扱われるのだろうか。実際に行われているSDの「問い」を次頁に挙げてみる。そこからSDに固有な「問い」というものの性格も、具体的なかたちで見えてくるであろう。

　ここに挙げたのは、ドイツやイギリスのSD推進団体がホームページなどで紹介しているものに、筆者がこれまで参加したり進行役を務めたりした「問い」を適宜加えたものである。三つのかたまりは、筆者が便宜的に分類した。最初のかたまりは、わたしたちの日常生活や日常的な言葉使いに関連したものである。そこには、日常的なモラルや倫理規範に関する「問い」も多く含まれている。二番目のかたまりは、日常から範囲を広げ、社会問題や政治的なものに関連させた「問い」たちである。また「遺伝カウンセリング」など、特定の専門的な経験を持つ参加者を前提にしているものもある。最後のかたまりは、いわば哲学的な関心を指向したもので、少しトリッキーな「問い」や抽象的な概念を扱っている点で興味深い。

第2章　対話の仕掛け

日常生活や日常的な言葉使いに関連した問い

- 友情とは何か

- 信頼とは何か

- 感情とは何か

- 普通とは何か

- 恋愛とは何か

- よいチームとは何か

- いかにリスクを引受けるか

- なぜルールは必要か

- 寛容の限界はどこにあるか

- 勇気があるとは何を意味するのか

- 利己的でない行為はあるのか

- どのような状況で私は「ノー」と言ったのか、それは何故か

- 私は常に誠実でなければならないのか

- 「真実」と「誠実」の違いは何か

- 人の自律とは何か

- 人生で本当に大切なものは何か

社会問題や政治的なものに関連した問い

- 自由とは何か

- いつ人間は自由な意志を持つのか

- 正当な不平等はあるか

- 正当化された行為とは何か

- 主張を根拠づけるとは、何を意味するのか

- 責任ある行為とは何を意味するのか
- わたしたちは未来に対して責任を負っているか
- 他人に対する私の責任の限界とは何か
- わたしたちは理想を必要とするか
- 不正義とは何か
- 平和とは何か
- 自由と国家は融合可能か
- 多文化社会において、利害関心の比較考量の尺度となるべき基準はどのようなものか
- 遺伝カウンセリングにおいて「自己決定」に配慮するとは何を意味するのか
- 中絶問題を女性だけに任せるべきか

哲学的な関心を指向した問い

- 私が間違っていたと私が知るは、どのようにしてか
- 私は私自身をどのようにして知るのか
- 私とは誰か
- 何かを測るとは、何を意味するのか
- 「意味ある」とはどういう意味か
- 時間とは何か

SD に適した問い

　こうした「問い」の対象となる範囲は多様であるが、共通点として次のような傾向が見てとれる。まず「～とは何か・～とは何を意味するのか」といった問い方が示すように、言葉や概念の定義や意味、あるいはそれらが持っている固有な価値といったものを、ごく一般的なかたちで問うものである。つまり、特定の専門領域や具体的な事実・情報を用いて答えうるような問い方が避けられている。例えば「心理学において感情とは何か」とか「天体間の距離を測るには、どうすればよいか」といった類の問いは、SD では扱わない。また、明確に Yes/No の形で答えを出し、参加者それぞれの意見や論拠を出して終わるような問いもない。例えば「あなたは中絶に賛成するか否か、それはなぜか」といった問い方がそうである。SD が「答え」として見出そうとするものは、個人の意見やその論拠ではなく、誰もが（少なくともそこにいる参加者が）共通に持っている論拠だからである。

　要するに、日々の生活・社会生活において、誰もが使っている言葉や概念、そこに潜んでおり、そこで前提とされている、わたしたち共通の考え方・価値観・規範・論拠などに関する疑問を問いの形にしたもの、これが SD に適した問いである。普段の生活で「当たり前」として前提としているもの、逆に「人それぞれ」と見なしているもの、普段は問わないが、ふと「なぜ・どのように」と立ち止まるような疑問。これを簡潔な問いの形にしたものである。

　ちなみに上に挙げた問いの中には、同じ言葉をキーワードにしていながら、異なる形になっているものも多くある。例えば

2-1 問いの設定

「責任」という言葉を用いながら、「責任ある行為とは何を意味するのか」「わたしたちは未来に対して責任を負っているか」「他人に対する私の責任の限界とか何か」など、さまざまな問い方のバリエーションがありうる。同様に「友情とは何か」だけではなく、例えば「友情は必要か」「いつ友情は始まる／終わるのか」といったような問い方も可能である。問い方が異なれば、グループが探究する方向も微妙に、あるいは大きく変わりうる。こうした差を参加者が自覚するという意味でも、やはり問い方を検討することは重要である。

　ところで、一般的にイメージされる対話・議論において、明確で、なおかつただ一つの「問い」にグループが従事するということは、ほとんど考えられない。一つのテーマが決められているにしても、そこから共同で探究すべき「問い」を最初に設定する、などといった作業に向かうことはまずない。たいていの場合、テーマに関連する問いは、参加者個々人に帰属するものと見なされる。そうした問いは、各人が日頃から携えているかもしれないし、議論の展開の中で不意に思いついたものであるかもしれない。明確に定式化されているかもしれないし、されていないかもしれない。いずれにしても、対話・議論での「問い」の扱いは、基本的に個人に委ねられている。SDでは、これをあえてグループに委ねるのである。

　そしてその中で、さまざまな問い方・考え方の違いも見えてくる。対話・議論をしたとき、自分の中で曖昧であった「問い」が明確になった、他人の「考え方」が聞けてよかった、という感想をよく聞く。つまり、対話・議論のうちには、単なる情報交換・意見交換以上の「問い方＝考え方」の視点交換、あるい

第2章　対話の仕掛け

は視点の明確化といった効果が伴う。多くの場合、人はそれで満足する。しかしさらに、一つの問いに従って「グループで考える」作業にまで踏み込むといったケースは、まったく生じないとは言わないにしても、極めて希ではないだろうか。SD は、共同の「問い」を明確に設定し、それをグループに委ねることによって、対話・議論におけるより高い効果を目指す。そのような仕掛けであると言える。

2-2　参加者のためのルール

　付録に示した「参加者のためのルール」を読むと、厳しいことが書かれてある。ここで少したじろぐ人、戸惑いを感じる人も多いのではないか。

Rules for Participants

There are eight basic rules for participants in the Socratic dialogue:

1. Each participant's contribution is based upon what s/he has experienced, not upon what s/he has read or heard.
2. The thinking and questioning is honest. This means that only genuine doubts about what has been said should be expressed.

---

3. It is the responsibility of all participants to express their thoughts as clearly and concisely as possible, so that everyone is able to build on the ideas contributed by others earlier in the dialogue.
4. This means everyone listening carefully to all contributions. It also means active participation so that everyone's ideas are woven into the process of cooperative thinking.
5. Participants should not concentrate exclusively on their own thoughts. They should make every effort to understand those of other participants and if necessary seek clarification.
6. Anyone who has lost sight of the question or of the thread of the discussion should seek the help of others to clarify where the group stands.
7. Abstract statements should be grounded in concrete experience in order to illuminate such statements. This is why a real-life example is needed and constant reference is made back to it during the dialogue.
8. Inquiry into relevant questions continues as long as participants either hold conflicting views or if they have not yet achieved clarity.

参加者のためのルール

ソクラティク・ダイアローグには、参加者のための基本的なルールが8つある：

第2章　対話の仕掛け

1. 参加者は、本で読んだことや聞き知ったことではなく、自分の経験したことに基づいて議論に貢献する。

2. 考えや疑問は誠実であること。つまり発言に対して、偽りのない疑いだけが表明されるべきである。

3. 参加者には、自分の考えを出来る限り明瞭簡潔に表明する責任がある。これによって、対話の中でより素早く、一人の参加者のアイデアを他の全員が利用できる。

4. これは、議論に貢献するすべて（の発言）に対して、全員が注意深く聴くことを意味する。また、すべての人の考えが共同での思考のプロセスに織り込まれるような、積極的な参加を意味する。

5. 参加者は、自分の考えだけに固執すべきではない。他の参加者の考えを理解するよう常に努め、必要があれば明確にすることを求めるべきである。

6. 問いの焦点や議論の筋道を見失った人は誰でも、グループがどこにいるのかを明確にするよう、他の参加者に助けを求めるべきである。

7. 抽象的な言明は、その言明を明解にする具体的な経験に基づいていなければならない。対話の中では、実際の生活の例が必要であり、そこに常に立ち戻ることになるからである。

8. 参加者間で見方が対立している限り、あるいは十分な明確さに達していなければ、関連する問いの探究は継続される。

心構えとしてのルール

　しかし、あまり堅苦しく考える必要はない。これらのルールは、参加者が対話に向かう際の心構えである。進行役も、そのようにルールを説明する。そこで強調されるのは、対話が空虚な議論の応酬に陥らず、誰もが率直に発言・質問することができ、誰にとっても対話の内容が明確に把握できるようにすること、そのための「心構え」だという点である。もちろん対話の中でルールを甚だしく逸脱するような人が出てきた場合や、グループが全体として逸脱しそうになった場合、進行役は注意を促す。しかしそれは、対話における誠実さ・明瞭さを維持するという配慮からの注意である。

　ここに挙げたルールには8つもの項目が並んでおり、翻訳特有の厳しさもあってルールの趣旨やポイントがわかりづらい面がある。実際にSDを始めるときには、進行役が模造紙などに書き出し、ポイントを押さえた上で参加者にわかりやすく口頭でルールを示す。ルールの趣旨を伝えることができれば、必ずしもすべてを逐一説明する必要はない。ここでは、私がSDで使うために別様に整理したものを次頁に示し、あらためて「参加者のためのルール」を検討してみることにしよう。

第 2 章　対話の仕掛け

> より良い対話を実現するためには、共同して理解を深めるための自由な空間を創る必要があります。SD では次のような「対話の心構え（ルール）」が参加者に求められます。
>
> - 他の参加者の発言に耳を傾け、相手の考えを理解しようとする
> - 本で読んだ知識や他人からの受け売りではなく、自分の考えを述べる
> - 自分の考えは、できるだけ明瞭・簡潔に述べる
>
> - わからない点や疑問点は率直に表明し、できるだけ残さないよう努める
> - 議論の筋道を見失ったときは、他の参加者に助けを求める
> - 意見や考え方の違いを認めた上で、グループでの合意を積極的に求める

　ルール全体を見渡すことができるように、大きく二つのかたまりに分けている。前半の 3 項目は、相手や自分の発言に関する心構えである。後半の 3 項目はグループでの議論を明確にするための注意点である。また、ルールの趣旨を前文のかたちで示してある。

聴くことの大切さ

　前半の 3 項目をさらに短くすれば、1. 相手の話をよく聴き、2. 自分の考えを、3. 簡潔明瞭に述べる、ということになる。

SDで求められるのは、ある意味でこれだけのことである。議論
や対話に求められる基本が示されていると言ってもよい。しか
し実際には、これがなかなかできない。最初の「相手の話をよ
く聴く」ことに関してはこうだ。議論の最中、人は自分の考え
をどのように言うかで頭が一杯になり、相手の話を聴き、理解
しようとすることは疎かになりがちである。まして議論が白熱
すれば、相手を理解することよりも、相手を説得することに夢
中になる場合も多い。逆の立場になってもそうである。つまり、
自分の考えが相手になかなか理解してもらえないと感じている
場合、その人は自分の考えを相手に伝えようと必死になる。こ
うした状況は、対話・議論の中でよく起こることであり、避け
難い現象でもある。これを無くすことはできないにしても、あ
らかじめ「ルール」として注意喚起しておくことで、議論は大
きく変わる。

　対話・議論において「聴く」こと、あるいは「相手を理解し
ようとする」ことは、おそらく最も重要な要素である。それは、
「話す」こと、あるいは「自分の考えを伝える」ことの裏側に隠
れがちであるがゆえに、是非とも強調しておかなければならな
い。

　よもやま話になるが、ここで印象的な記憶を一つ書き留めて
おく。日本でSDを初めて間もない頃、ドイツで定期的に開催
されているSDに、臨床哲学のメンバー2人で参加したことが
ある。二つ程のグループができる参加人数であったが、最初の
挨拶でディータ・クローン（付録のルールを起草した人）が、対話
の精神として「聴く」ことの大切さを語った。SDは「聴く」と
いう場を創ることであり、それが意義深い経験となるでしょう

第 2 章　対話の仕掛け

といった趣旨のことを話した。そこで、同行していたもう一人がドイツ語の「聴く anhören」という動詞に着目した。普通「聞く hören」（英語で hear）という言葉を使うところ、あえて「an-」（〜に沿う・〜に対峙する）という前綴りを伴った動詞を使い、SD の理念を端的に示していた、というのである。

特別な約束ごと

次の「本で読んだ知識や他人からの受け売りではなく、自分の考えを述べる」についてはどうだろうか。付録で示したルールでは、1 番目と 7 番目の項目がこれに相当する。今一度書き出してみると、

1. 参加者は、本で読んだことや聞き知ったことではなく、自分の経験したことに基づいて議論に貢献すること。
7. 抽象的な言明は、その言明を明解にする具体的な経験に基づいていなければならない。

おそらく「本で読んだことや聞き知ったことではなく」という部分は、他の対話・議論には見られない SD の特別な約束ごとである。なぜ、このようなルールがあるのだろうか。SD の誕生は戦前のドイツの大学に遡るが（第 4 章参照）、そこで考案者が理念としていたのは「理性を使えば、誰でも正しい推論ができる」、また「どんな個別的な経験にも普遍的な原理が見出せる」ということであった。また、その後の改良の過程でも、知的な権威に頼らず自分たちの洞察によってのみ考えを展開する

こと、これが教育的な観点で重要視された。こうした成立上の経緯が、ルールとして残っていると思われる。

　理性の話は別にしても、実際このルールがあることで、参加者は窮屈さと心地よさが同居したような、奇妙な対話空間に置かれる。窮屈さとは、もちろん、本で読んだ知識を用いることができない、また「こんな話を聞いたことがある」といった仕方で考えを述べることができない、という縛りである。本で読んだことや他人の経験で、自分も理解・共感できた事柄はよく話されるし、それが普通の対話・議論である。誰々は言っていたが……といった仕方で語ることも自然にある。こうしたことが、ルールによって禁止されるわけである。しかし、このようにして参加者は、対話・議論の中で発言する前に、少しだけでも「これは自分の考えか・自分の経験として説明できるのか」と自省する。それはまた、自分の発言に責任を持つ、という自覚を促す効果もある。

　他方で参加者は、自分の知らないこと・わからないことに臆することなく発言できる、という心地よさを感じる。例えば、対話・議論の場で、誰かが専門的な言葉や有名な人の言葉を使ったとする。自分もその言葉は知っているが、今ひとつ理解していなかったりする場合、質問するのは気が引ける。自分の面子もあるし、つまらない質問で議論を止めるのも悪いと思うのか、結局質問を控え、疑問点を残したまま議論が進む。よくわかっていなくても、相手がわかっているからいいか、で済ます場合も多い。要するに、専門用語や有名な言葉を持ち込むことは、それがよく知られているものであっても、その意味内容に踏み込む前に、ある種の権威をもって人を黙らせてしまう。あ

るいは、その場の十分な理解ということに対して、人を無責任にしてしまう。SDでは、こうしたことがほぼ完全に払拭されるのである。

　ところで、SDを始めるにあたってこのルールを示すと、よく次のような疑問が参加者から出される。それは「本で読んだことや聞き知ったこと」（他人の考え）と「自分の考え」とを明確に区別できるのか、他人の考えでも自分の中で自然に定着し「自分の考え」として持っているものは発言してはいけないのか、といったものである。こうした疑問が出されたとき、私は次のように説明することにしている。避けなければならないのは、「誰かがこんなことを言った」といった引用・伝聞のかたちで発言すること、また、本などを読まなければわからないような特別な知識・情報を直接対話に持ち込むことである。自分の経験の中で十分理解・納得されており、人に説明できる用意があれば、特に控える必要はないと。大切なのは、他人／自分の考えを区別することではなく、自分の発言に対して自分の経験に基づいて対処できる、ということである。

　3.の「自分の考えは、できるだけ明瞭・簡潔に述べる」に関しては、その意義について第1章の「考えることの定式化」で詳しく述べた。また、この章の「進行役」の箇所でも触れる予定なので、ここでは割愛する。

合意を目指す対話

　さて、後半の3項目に移ろう。グループが、常に議論の内容や進行を明確にしながら対話を進めることは、簡単なことでは

ない。そのために必要な心構えが、4. 疑問点を率直に表明し、
5. 参加者全員が助け合いながら、6. 合意点を積極的に探す、という
いうことである。ここで参加者には、自分の考えを述べる／他
人の考えを聴くこと以外に、グループの思考にどう貢献するか、
という配慮が求められる。

　まず「疑問点を表明する」という点は、自分の疑問を解消す
るためだけではなく、グループが行う議論の明確化にとって、
非常に大切な要素である。対話・議論の中で、自分が疑問に思
ったことやわからなかったことを、しかもその場で直ぐさま表
明するのは、確かに勇気のいることである。自分の理解が不十
分なのだろう、相手の機嫌を損ねるかもしれない、議論の進行
を妨げるのではないか、言っていることはだいたいわかったか
らいいか、といった理由で疑問を残したまま（おとなしく？）
議論のなりゆきを見守ることはよくある。しかし、こうした態
度が重なると、その人はグループの議論から取り残される危険
性が高まる。人の発言をきっかけに、議論は次々に他の人の発
言を呼び起こし、そこでさまざまな「考え」が入り乱れる。そ
こに自分の考えを絡み合わせるのが、困難になってしまうから
である。

　さらに、こうした態度は、結果としてグループでの議論の深
まりを消してしまう。一つの疑問が表明されたことによって、
なるほど、議論が紛糾することはある。議論が思わぬ方向に引
きずられ、他の参加者がそれに付き合わなければならなくなる。
しかし、議論は紆余曲折するものである。特に SD の場合、こ
うした紛糾・紆余曲折は珍しくないし、それこそがグループで
の思考に深まり・彫りをもたらす。SD の参加者がよく口にする

45

第2章　対話の仕掛け

感想として、「あのとき疑問を出しておいてよかった、それで対話に入り込めた」というのがある。また、疑問が表明されないと、議論が曖昧なまま進み、後でグループが困る場合もある。そして参加者は、「あのとき疑問を出しておけばよかった」と後悔する。進行役も、グループがあまりにすんなりと議論を進めている場合や、議論が曖昧なのに疑問が出されないなと感じた場合には、「疑問はないでしょうか」と促す。

　次の「議論の筋道を見失ったときは、他の参加者に助けを求める」というルールは、ある意味で「疑問点の表明」と相補う関係にある。つまり、疑問が上手く表明できず議論についていけなくなった人が出てきたとき、その人は、ますます「わかりません」とは言い難くなるものである。それを他の参加者が、あるいは参加者みんなで助けるのである。このルールがあることで、参加者は安心して「議論に戻る」ことができる。逆に言えば、このルールは「議論を見失った参加者を、他の参加者は助けなければならない」という意味でもある。もちろん進行役は、参加者が助け合って議論をみんなで進めるよう配慮しているし、対話の途中でそのように指摘もする。しかし、最初のうちに「ルール」によって助け合いを明示しておけば、グループでの協力体制はより強くなる。

　最後の「意見や考え方の違いを認めた上で、グループでの合意を積極的に求める」という文言は、付録で紹介したもの（8番目）とは少し違う表現に直してある。そこでは「重要な問いの探究は、参加者間で見方が対立している限り、あるいは十分な明確さに達しない限り、継続されること」とある。この違いは、SD進行役としての私の経験から感じたことを反映させたもので

ある。まず「見方が対立している」や「十分な明確さに達しない」といった表現は、それがどの程度までなのかがよくわからない、と感じる。また「〜限り、継続される」と言われた場合、議論がいつまでたっても終わらないのではないか、という感じを与える。

　確かに、この最後の項目は、グループでの議論をできる限り曖昧にさせない、という趣旨を表現している。しかしそれは「自分の考えは明瞭・簡潔に述べる」や「疑問点は率直に表明する」といった箇所でも示されている。それよりも、むしろ「積極的な合意」ということを示しておいた方がよいのではないか、と考えた。ディータ・クローンも「対話は合意を目指す」と書いている（付録「ソクラティク・ダイアローグとは何か」参照）。ちなみに「意見や考え方の違いを認めた上で」という文言は、「自分の考えだけに固執すべきではない」（付録のルールでの4番目）に相当している。

　いずれにしてもこのルールは、特にSDの最後のステップ「答えの探究」の局面で非常に重要になる。自分の考えとは別に「グループの考え」を探り、定式化することが求められるからである。ここで「自分の考えに固執」する人が一人でもいる場合、答えをまとめることが難しくなる。そのとき、このルールが効いてくるのである。そこで何が起こるのか。それはこの章の「3-6 答えの探究」で考えることにしよう。

　SDは、対話というものを、時間をかけて、非常に丁寧に、参加者全員の納得を積み重ねていく過程である。そのための「仕掛け」として、こうしたルールが長年の経験を経て形成されてきたと言える。これらのルールは固定されたものではなく、進

第2章　対話の仕掛け

行役や参加者の経験、あるいは SD の目的に応じて、全く自由にとは言えないが、変えられうる。そうした変更も、試してみる価値がある。例えば「本で読んだ知識や他人からの受け売りではなく」のルールを除いてみると、どのような対話になるのだろうか。興味深い試みであると言えるだろう。それは、場合によっては「ソクラティク・ダイアローグ」とは言えないものになってしまうかもしれないが、別のさまざまな形での対話方法を開く可能性でもある。

2-3　例の基準と詳述

　次に考えてみたいのは「例」の役割である。付録「砂時計モデル」で触れているように、例は一般的な「問い／答え」の間に設けられている「個別的」なサンプルであり、対話・議論が抽象的になったとしても参加者全員がそこに戻れる土台の役目を果たすものである。これも長い間の経験からであろうが、SDには「適切な例のための基準」が考えられており、ルールとともに SD の最初に説明される。ここでも、まず私が用いているものを掲げてみる。

適切な例について

SD では、問いを具体的な「例」に基づいて考えます。それは、対話が抽象的になっても参加者全員がそこに戻れる共通の土台です。適切な例の基準と考えられるのは、次のような事柄です。

2-3 例の基準と詳述

- ■例は、仮定ではなく、参加者の「実際の経験」に基づくものでなければならない
- ■例は、すでに終わった経験であることが望ましい
- ■例は、できる限り単純なものが望ましい
- ■例の提供者は、他の参加者からの質問に対して可能な限り正直に説明する

　SDを始めるにあたっては、こうした文を示した上で、口頭で補足的に説明するようにしている。また例が出されているとき、その場で注意する。例えば、いくつかの経験をまとめて「一般化」した例が出されそうになると、進行役は「その中の一つの経験、いつ・どこで・何を経験した、という仕方で例を出して下さい」と注意する。あるいは「すでに終わった経験」がなぜ望ましいのか、例が実際に出されている場面で説明する。最初から例の基準やその理由を細かく説明しても、参加者は例の提示に悩むであろう。

例の基準の意味

　このような「適切な例の基準」は、どんな意味を持っているのか。まず「仮定ではない実際の経験」、しかも一般化されていない一度限りの「出来事」が示されることによって、グループは、可能な限りでの日常的・具体的な事実に近づくことができる。この場合「事実」とは、その人の身の回りで起こった・出会った出来事、そこでその人が何をしたのか、またそのとき何

49

第 2 章　対話の仕掛け

を感じたり考えたりしたのか、といったことを含む、当人にと
っての状況・経験・判断・解釈などの総体である。こうした「事
実」は、問いに関連しているとは言え、答えを深める際の条件
や方向性に関して、基本的に作為を与えない。つまり、どのよ
うな条件で、どのような答えを出すか、どのような答えを出し
うるのか、といったことに関して、あらかじめ決まった枠組み
を押し付けられることがない。逆に言えば、そうした枠組みに
関しても、グループで考えなければならない。いわば「生の事
実」を、対話の中で扱えることになる。

　また、例が一人の参加者自身のものであり、それが「可能な
限り正直に」語られることによって、グループは「事実」に関
する情報を、その場で入手できる。すべてとはいかないだろう
が、少なくとも他の参加者が気になる限りにおいて、事実の詳
細について直接質問することができる。その場にいない人の経
験の「伝聞」では、答えを探究するにあたって知りたい情報を
得ることはできない。体験した本人にそれを確かめることがで
きるのは、情報入手という点で大きなメリットである。しかも、
本人が「この状況で、こう思った・感じた」という事実の確認
から、それを土台にして、なぜそう思った・感じたのかを（一
般的に）議論することができる。他人の経験の伝聞では、「思っ
た・感じた」ことについて推測・解釈が入り込み、その内実を
確かめようがない。

　次に「すでに終わった経験」が望ましいのは、どのような理
由によるのか。付録は次のように書いてある。「参加者が、まだ
その経験の中に身を置いている場合、それは適切ではない。例
えば、下されようとしている決定の余地がまだある場合、他の

50

参加者がそれを判定しようとしたり、仮定的な考えを巡らせたりする、といったリスクがある」。要するに、今このような状況でどうしようか考えている、といった現在進行形の経験を持ち込むと、他の参加者も一緒になってそれを考えようとしたり、アドバイスしようとしたりする可能性がある。また、自分の現在進行中の経験を話し、そこにある問題や悩みを一緒に考えて欲しい、といった気持ちで例を出すこともある。それはときに感情的になり、本人も含めてグループがその処理に困る可能性もある。こうしたことは、経験の「事実」に潜む前提・理由を定式化しようとする作業にとっては、ある種の障害となる。

　ちなみに、現在進行形であれ「すでに終わった経験」であれ、例を出すことは、本人や例に関係する人のプライバシーに関わる問題を含みうる。なおさら、他の参加者からの質問に「可能な限り正直に説明」するとなれば、この問題には注意しなければならない。そのため進行役は、参加者に対して「みんなの前で話せると思うものを出して下さい」、「プライバシーの問題などを含む例は避けた方がよいでしょう」といった追加説明をする。SD でこうした微妙な問題を含むような例はあまり出されないが、注意は必要である。また、例は基本的にグループの中でのみ共有されるべきであり、外で話す場合には注意を要すること、特に詳細を公表する場合にはグループの承諾を得る必要があることにも言及する。

　最後に、例が「できる限り単純なもの」であることの理由は何か。SD は「一つの問い」に答えることに集中する。それゆえ、議論する視点も「一つ」に限るのが望ましい。例が多くの出来事（あるいは長い期間での経験）や視点を含んでいれば、

第 2 章　対話の仕掛け

グループはそれだけ多くの事実確認・視点選択に時間を費やさなければならず、その間に「問い」から離れてしまう危険性が生じる。問いに関連して、自分も他の参加者も一見して「この出来事」と把握できるような単純さが大切になるのである。

　この基準に言及すると、ときに参加者から「なぜ」という顔をされることがある。さまざまな角度から問いを深めたい、問いに関連して多くのことを考えたい、それなのになぜ「できる限り単純」な例が望ましいのか。これは次のような疑問とも関係がある。多くの例からさまざまな視点で考えたいのに、なぜ「一つの例」に絞るのか。これらはもっともな疑問であるが、SD における一つの例の「濃さ」を考えると、複雑で多くの例を扱うことには無理がある。SD では、相当細かく例を記述する。単純な例だと思っていても、そこにさまざまな出来事の関連性や視点が隠れており、それらを丁寧に辿っていくと、意外に複雑であることにグループが気づく。例を出した本人も、驚く場合がしばしばである。

　いずれにしても、「例」はまず、それぞれの参加者から一つずつ（場合によっては複数）簡単に紹介され、その中から参加者全員が関心を示し、かつ適切と考えたものを選ぶ。そこで進行役は「すでに終わった経験」や「単純なもの」についての理由を説明しはするが、実際に何が適切かを判断し、決定するのはグループである。グループが「複雑なもの」を望めば、それはそれで構わない。あるいは、あえて「終わっていない経験」を扱うことも、ありうる挑戦なのかもしれない。この点に関して、進行役が参加者に対して「基準の厳守」を過度に要求することは、控えなければならないであろう。基本は、グループ自身が

2-3　例の基準と詳述

適切だと判断するかどうかである。

例の共有と焦点化

　選ばれた例は、今述べたように相当細かく記述される。その分量は、私がこれまで参加者や進行役として見てきた限りでは、模造紙にして4〜5枚、ときに10枚以上に及ぶ。選ばれた例は、例の提供者による語りを中心に、他の参加者からの質問、どの事柄をどのように記述するか、または記述に入れないか、などを話し合いながら完成される。このとき進行役は、例の提供者が話すことに躊躇はないか、質問は問いを探究する限りでの関心に絞られているか、といったことに配慮しながら記述を進める。記述が完成したときにも、これでよいかどうか、参加者全員に十分理解できるかどうかを確認し、加筆や訂正の求めがあれば修正する。こうして詳述された例は、基本的にはグループが共有するものとして、その後の探究のための「共通の土台」となるべきことを進行役が再確認し、次のステップに進むことになる。

　ここでよくある疑問として、個人の経験を他の人と「共有」することができるのか、それはひとりの人の固有の経験の記述なのではないか、というものがある。確かに経験とは、そのようなものであるのかもしれない。しかし、ある人の経験を他の人が理解することはできる。それは、他の人によって理解された限りでの、ある人の経験として、共有できる一定の「質」を持っている。このような疑問が出されたとき、私は次のように言うようにしている。重要なのは、対話を通して、つまり質問

53

第2章　対話の仕掛け

やそれに対する応答を通して、その人の経験が「理解・納得できる」ということです、その限りでの「共通の土台」と考えて下さいと。これは、理解・納得できない限りは率直に質問して欲しいということを、暗に促すものでもある。

　例の詳述が終わって次に行うのは、例の中の「核」になる部分ないし言明を、グループで確かめることである。詳述された例の中で、グループが問いに答えるために最も重要と考える文に下線を引くとか、あらためて「核になる言明 core statement」として書き出す、といった仕方で行われる。進行役によってやり方は若干異なり、その長さ・詳しさもさまざまではある。多くの場合、「私はこのように行動した／判断した／考えた／感じた」といった形の文章を一つ確定させる。

　この作業は、参加者が同じ視点で対話を進めるための重要なステップである。詳述された例は、それなりの複雑さを持っている。そこには、出来事の背景、状況の展開や転換、語った人の気持ちの推移や変化、といったさまざまな要素がさまざまに関連するかたちで書かれている。これらのどこに特別な関心を置くのか、どこを重要と考えるのかは、例の提供者も含めた参加者によって微妙に異なっている場合も多い。その違いも見えない。こうした違いを明るみに出すとともに、共通の焦点がどこにあるかを確認する必要がある。また、そこで大きな違いや対立があるとわかった場合、それがなぜかを議論した上で、少なくともグループでどこに重心を置くか決めておく必要がある。こうして初めて、グループが「答えの探究」に向かって協働することができる。

　SD にとっての「例」は、経験の事実に潜む前提・理由を定式

化すること、そのための素材である。それは「事例検討 case study」と呼ばれるものと似てはいるが、やはり異なる。事例検討の場合、経験の事実から何かを学ぶこと、次の行動を起こすために過去の行動を反省してみることが主な目的となる。他方、心理カウンセリングにおけるエンカウンターグループのように、体験を話す／聴くことで何らかの効果を生み出すグループセッションもあるが、これも SD とは目的が異なる。しかし目的の違いがあるとは言え、具体例を検討する・経験（体験）を話す／聴くという点で、それぞれに SD と近接した部分がある。

　このように、他の議論・対話の形式との違いや近接点を比較してみるのは、興味深いことである。そこで SD の固有な特徴も見えてくる。SD における「適切な例の基準」にしても、それがどのような理由と目的で編み出されたのかがわかってくる。しかしまた、ルールと同じように、これらの基準を変えることで別の対話形式を考え、試みることもできる。上の形式で言えば、例えば、SD 的な事例検討／事例検討的な SD、あるいは SD 的なエンカウンターグループ／エンカウンターグループ的な SD、といったものが考えられるかもしれない。

2-4　進行役

　これまで「問い」「ルール」「例」といった対話の仕掛けを取り上げて、SD の特徴を説明・考察してきた。しかし SD を SD たらしめる最大の仕掛けは、何といっても「進行役」の存在であろう。最初に SD の概略や進行ステップ、例の基準を含めた

第 2 章　対話の仕掛け

ルールの説明を行うこと、また対話中での板書や時間管理、もちろん参加者とのやりとりを通して対話を促進すること、これらが進行役の仕事である。こうした中で、特に SD の進行役が念頭に置いているのは、次の二点である。またこの二つは、他の対話や議論の形式では明確に意識・実行されているとは言えないものであり、その意味で SD に固有な特徴であるとも言える。

- ■参加者の対話の内容にはコミットしない
- ■参加者の重要な発言を文章で定式化する

「参加者のもの」としての対話

　なぜ、対話の内容にコミットしないのか。それは、徹頭徹尾、対話を「参加者のもの」にするためである。通常、進行役（あるいは司会や議長）は、対話・議論の進行のみならず、その成果や内容に関しても一定の責任を負っている。そのために、対話・議論をリードしなければならない場面も多く、それが期待されている。逆に言えば、こうしたリードに頼って対話・議論を進める傾向が、参加者の側に少なからずある。SD でもこの傾向はある。しかしそこで、進行役が「対話の内容に関して、一切コミットしない」という態度をとり続けると、どうなるだろう。参加者は進行役に頼ることなく、自分たち自身の対話の中で内容を展開・吟味することになる。そうせざるをえない状況へと、対話が促される。

　進行役にとって、この態度を貫くことは、それなりの注意と

我慢を要する。簡単なところから言えば、対話の中で参加者に混じって「私はこう考えるのですが」とは、絶対言わないことである。また参加者の発言に対して、「その通りです」と支持するような振舞いにも注意しなければならない。逆に「本当にそうですか」と懐疑的・批判的な態度をとることも控える。さらに、参加者の発言を自分の言葉で要約しないよう、常に注意していなければならない。発言の内容は汲み取っているにしても、それを進行役が「自分の言葉」に変換することで、自分の視点を持ち込んでいるかもしれないからである。要約という振舞い自体、参加者の発言を勝手に選別するという意味で、直接的な内容へのコミットではないとは言え、やはり「参加者のもの」を奪うことである。

　もちろん、こうした意見の表明や、それに対する支持・懐疑・批判、また他の参加者の発言の要約を、参加者が互いに行うことに対して、進行役は常に肯定的に振舞う。参加者の発言を丁寧に聴き、理解しようと努力し、それに対する別の参加者の発言にも、同じように聴く態度を崩さないようにする。対話・議論をリードするのではなく、あくまで「支援」するという立場と態度を明確にするのが、SD の進行役である。対話の主役は参加者であり、進行役は参加者の積極的な対話を促す立場に過ぎない。

「グループのもの」としての言明

　では、進行役は対話の何を・どのように支援するのか。ポイントは「参加者の重要な発言を文章で定式化する」ことにある。

第2章　対話の仕掛け

第1章でも紹介したように、進行役は参加者の発言を、キーワードなどで簡略化して板書することはなく、常に「言明 statement」の形で定式化する。ここではそれを、進行役の視点から見てみる。

　例えば「例を選ぶ」局面で、参加者が「この例がいいと思う、なぜなら……」といった例を選ぶ理由について発言した場合、それは重要な発言として書き出される。あるいは、どの局面かには関わりなく、参加者の断片的な意見のやりとりが交わされる中で、多くの参加者が頷いたり関心を示したりするものは、グループにとって重要な発言として文章にされる。また書き留められた言明に誰かが着目し、それに関連してグループが議論した場合も同様である。こうした作業が積み重ねられ、それが模造紙に張り出されることによって、対話のプロセスや話された内容は明確なかたちでグループに共有される。進行役は、対話におけるプロセス・内容の明確化を、文章による定式化によって「支援」すると言ってもよい。

　参加者には「自分の考えを明瞭・簡潔に述べる」というルールがあるとは言え、考えた・思った事柄をその場で文章にするのは大変なことである。進行役は、まず参加者の発言を最後まで聴いた上で、それを勝手に要約せず、発言した参加者自身に要約させる。それが上手くできないときでも、辛抱強く待つ。ここで他の参加者が口を挟みそうな場合、あえてそれを制止してでも待つことさえある。逆に他の参加者が黙っている場合には、発言した人の定式化に協力を呼びかけることもある。ときに発言が長々と続く場合には、話の区切りがついたところを上手く捉え、間髪入れずに「ポイントは何か、簡潔に」と促すこ

58

ともある。進行役は、このような仕方で参加者の対話に介入する。それは内容上の介入ではなく、参加者の発言を文章の形にし、グループでの対話のプロセスを明確にするための介入である。

このために進行役は、進行ステップや対話の流れ、参加者の関心といった観点から、何が重要な発言になりうるか、どこで対話に介入するのか、あるいは介入しないのかについて考えを巡らし、対処していかなければならない。参加者の発言や発言が終わるのを待つこと、何も言わず参加者に対話を任せること、そうした「介入しない」振舞いも、進行役が配慮している大切な点である。また、グループが全体として積極的に対話を進めようとしているか、特定の参加者が一方的に自分の考えを述べるような展開になっていないかどうか、逆にひとり受け身になって対話に上手く入っていないような参加者がいないかどうか、常に注視している。こうした配慮や注視は、対話を「グループのもの」にするためのものであると言える。

ここで、一方的に発言し過ぎる参加者や、あまり発言しない参加者が現れた場合、進行役としてどのような対処が考えられるのだろうか。進行役が「あなたは発言し過ぎる、他の参加者の発言を聴くように」とか「もっと発言して」と注意したところで、さしたる改善は望めないだろう。こうした注意は、対話をリードする振舞いであり、対話を「グループのもの」から奪うことにつながるという意味でも、避けたいところである。それよりも、次のような仕方で対処するのが相応しいのではないか。発言し過ぎる参加者に対しては、先にも触れたが、話の区切りを捉え「簡潔に」と促しつつ、他の参加者が口を挟める機

会を確保する。発言の少ない参加者には、対話に入っていけなさそうな表情、あるいは何か言いたげな表情を捉え、とりあえず「どう思いますか」と振ってみる。しかし発言の少ない人の中には、自分の中で必死に考えをまとめようとしている場合も多い。それゆえ、この「どう思いますか」という介入を、特定の参加者にたびたび仕向けるのは禁物である。要するに、発言の多い／少ないに言及することなく、あくまで対話の内容をグループ内で明確にするという観点から、発言のバランスがとれるよう配慮するのである。

進行役の個性

　以上、進行役が何をしているのか、またどのような点に配慮しているかについて、参加者や進行役としての私の経験を盛り込みつつ、述べてみた。こうしてみると、SD の進行役には、一般的な対話や議論での進行役（ないし議長・司会など）とは異なる、それ相当のスキルが求められることもわかる。しかし SD の考え方を十分に理解していれば、基本的に誰でも試みることができるとも言える。また哲学的な背景知識や素養がなければできない、といったものでもない。実際ヨーロッパには、哲学の他、社会学、教育学などさまざまな背景を持つ進行役がいる。いずれにしても、SD では進行ステップや基本ルールが確立しているため、それに沿って進行させていけば、比較的高い割合で「充実した対話」が実現される。この意味では、進行役のスキルによって対話の質が大きく影響されることは少ないと言える。

　もちろん、経験によって進行役のスキルの差は出てくるだろ

う。また、ある種の個性も出てくる。内容にコミットしないとは言え、何を重要と見なすかの判断や介入の仕方にも、進行役の傾向や嗜好が入るものである。何度もSDを経験している参加者のうちには、この人が進行役をするSDが好き／あまり好きでない、といった感想も持っている。進行役が得意／不得意とするテーマの傾向もあるに違いない。私はヨーロッパで何度かSDに参加しているが、その経験から言えば、いずれの進行役も自分のキャラクターを自然なかたちで出しており、それぞれに異なった対話の雰囲気を醸し出している。常に笑顔を絶やさない優しそうな進行役、どことなく無愛想なタイプ、話し方の切れ味鋭いビジネスマン型もいれば、朴訥な話し方で淡々と進行役をする人もいる。しかし、どのような進行役でも、参加者の対話を「支援する」一貫した態度、参加者を対話に向けて勇気づける態度という点では、共通しているように思える。

　ちなみに、進行役の「資格」に関して言えば、ドイツのSD推進団体では、一定の養成プログラムを作り、それを経た者に団体公認の進行役の資格を与えている。そこでは、まずSDの参加者になって経験を積むことや、純粋な観察者となってSDの細かな記録を何度か作ること、といった作業が求められるという。しかし、日本を含めた他の地域では、特にSDの進行役を資格化しているわけではない。多くの場合、SDに出会い、その楽しさや有効性を感じ、参加者から進行役になっていったのである。私自身も、見よう見まねで進行役を試みはじめ、それを今日まで続けているに過ぎない。

第 2 章　対話の仕掛け

2-5　メタ・ダイアローグ

　付録の「ソクラティク・ダイアローグとは何か」でも触れられているが、SD には「メタ・ダイアローグ」という特殊なルールがある。SD のように、一つのテーマを少人数で、しかも長時間かけて話し合う場合、必ずと言ってよいほど、どこかで対話が行き詰まったり紛糾したりする。参加者の発言を丁寧に文章化し、その文言について検討を加えればそれだけ、グループは内容の仔細な部分にまで踏み込むことになり、その結果、対話の全体像が見失われることがある。あるいは、参加者の間で考えの相違や対立が明確になればそれだけ、グループの中での合意が困難に感じられ、対話を続けることが辛くなることもある。こうした状況で、ときに一部の参加者が感情的になり、対話がますます滞ることもある。そこで、次のようなルールがあることを、あらかじめ示しておくのである。

メタ・ダイアローグ

- 対話が紛糾したり、行き詰まっていると感じられた場合、参加者は随時・誰でも、ある種のタイムを提案することができる
- そこでは、対話の内容についてではなく、紛糾・行き詰りをどう感じているか、またその解決策について対話する
- この「対話についての対話」は解決策が見つかるまで続けられ、進行役は参加者の誰か（たいていは SD の経験者）が行う

　メタ・ダイアローグは、一回の SD の中で一度も行われない

場合もある。これまでの私の経験では、使われたとしても一回がほとんど、二回以上になるのはまれである。紛糾・行き詰りの感じ方は参加者によって差があるし、内容についての対話に集中していて、このルールを忘れていることもある。紛糾・行き詰りを感じてはいるが、あえてタイムを要求する程でもないと考えている場合も多い。進行役をしていて、ここでメタ・ダイアローグが提案されれば、と思う場面もあるが、参加者からの提案がない限り何も言わない。このあたりの判断は参加者に任せられている。しかし、初めて SD を経験する参加者にとっては、そもそもどのような場合に提案すればよいのか、よくわからないであろう。また、どの程度の長さになるのか、参加者の中に進行役を引き受ける人はいるのかなど、不確定な要素もある。この点で、メタ・ダイアローグは参加者の中に SD 経験者がいることを想定したルールである。

グループによる問題解決

いずれにしても、グループで対話が紛糾している・行き詰まっていると明らかに感じられた場合、このルールがあることで冷静な対処が可能になる。ここで参加者は、一時的に自分たちの「内容についての対話 content dialogue」から離れ、それを「上位 meta-」レベルで検討する機会を得る。どのような対話・議論（あるいは会話）でも、人は何らかのかたちで、話の内容とは別に「今、話の流れはどこに向かおうとしているのか」とか「この人の話し方はわかりづらいな」といった感覚を携えつつ、あるいは場の空気を読みつつ振舞っている。そこに違和感や耐え

第2章　対話の仕掛け

難さを感じたとしても、その処理は個々人に任されている。メタ・ダイアローグは、こうした問題に対して「処理をグループに任せる」通路を設けておくものだと言える。メタ・ダイアローグのルールなどない、通常の対話・議論でこのような提案をしたとしても、おそらくそれを成功させるのは困難であろう。提案した本人が、議論を相当上手く仕切ることができない限り、他の参加者から反感を買いかねないからである。この意味で、メタ・ダイアローグは対話・議論における高度な問題を共同で処理するための、優れた発明品である。

　メタ・ダイアローグで話される事柄には、さまざまなものが考えられる。そもそも対話が紛糾しているのであるから、参加者から不満や困惑が表明される可能性は十分ある。なぜ対話が行き詰まってしまったのか、その経緯や論点を整理しようとする試みも行われうる。そうした整理が上手くいく場合もあれば、上手く行かない場合もある。いずれにしても、そこでグループは、どこに議論の焦点があるかを把握し、どのように対話を進めていくべきか、話し合わなければならない。これを決めなければ、次のステップに進めないからである。付録でも書かれている「戦略に関する対話 dialogue about strategy」は、この最後の点を明確にするための概念である。この概念があることで、メタ・ダイアローグの目的がはっきりする。

　しかしメタ・ダイアローグの機能は、この「戦略」対話に限られるわけではない。参加者にとって不満や困惑を出せるという機会があるだけでも、その後の対話を落ち着かせるという意味で、一定の効果がある。ほとんどの参加者は、内容について考え、その対話に集中することで精一杯である。そこで、いわ

2-5　メタ・ダイアローグ

ば「ガス抜き」を行うのである。SD によっては、特に参加者からの提案がなくとも、途中で必ず一回はメタ・ダイアローグを設ける進行役もいる。そうすることで、これまでの対話はどうだったのか・これからの対話をどうするか、について対話する機会を確保する。重要なのは、こうした「対話についての対話」を「内容についての対話」から明確に区別し、参加者がグループとして何をしたか・何をするかを反省することができるような空間を創ることである。

　ところでメタ・ダイアローグの最中、もともとの進行役は何をするのであろうか。このときは別の進行役がいるのであるから、一参加者として振舞うことも可能である。つまり、例えば論点の整理や今後の対話方針について、自分の意見を述べることができる。ただし、そうした意見が「内容についての対話」の方向性に関わることのないよう、注意しておかなければならない。進行役の発言は、何といっても参加者に対して大きな影響力を持っている。メタ・ダイアローグで単なる一参加者になったとしても、それに変わりはない。私が進行役をしていてメタ・ダイアローグになった場合、それほど積極的には対話に参加しないようにしている。どうしても参加者から意見などを求められたときには、過去の SD ではこのようなことをした、といった話を出すだけにとどめる。もちろん、積極的にメタ・ダイアローグに参加する進行役もあって構わない。

　ではメタ・ダイアローグの進行役はどうか。一応、これは SD の経験者が担うことになっているので、その人が進行役に慣れた人であれば、それほど大きな問題は出ない。参加者の中に SD の経験者がいない場合でも、やはり誰かが進行を務めるよう促

65

第2章　対話の仕掛け

すべきであろう。この進行役に関しては「対話の内容にコミットしない」等のルールは関係なく、比較的自由に対話をリードすることが許される。つまり、論点整理や対話方針に関する自分の考えも述べつつ、他の参加者の意見をとりまとめても構わない。グループとしての方針が決まれば、元の進行役にバトンタッチする。メタ・ダイアローグにおいて大切なのは、進行役も参加者も、みんなで協力し合って目下の問題を解決することである。その限りでは、メタ・ダイアローグの進行役が何をすべき／すべきでないということに関して、特に決まりがあるわけではない。

2-6　答えの探究

　SD の目的は、一つの「問い」に対する「答え」を見出すことである。もちろん、そこに正解はない。また、どのようなやり方で答えに至るかに関しても、具体的な例に基づく他には、特に条件があるわけでもない。答えは、その探究の方法も含めて、参加者の対話に委ねられているのである。確かに、付録の「砂時計モデル」で示されているように、例に現れた「判断」に潜む「規則」や、さらにそこに潜む一般的な「原理」を見つけ出す、といった段階のようなものは想定されうる。しかし、これはあくまで全体像を示すモデルに過ぎず、実際にはさまざまな議論の道筋が現れ、それらが交錯する。その試行錯誤の中で、参加者は、何とか「答え」をひねり出す。場合によっては、特に時間の制約で、満足できる答えには至らないこともある。

2-6 答えの探究

答えに至る過程

　SD によって定式化される「答え」とは、どのようなものか。また答えの「探究」は、参加者にとってどのような意味を持つのか。さらに、この過程で進行役が注意しなければならないことは何か。最初に、私が行った SD の中から三つの「答え」を紹介し、それに沿って考えていくことにしよう。

[ケース 1] 問い：わがままとは何か（テーマ：介護）

- ■ 正義である
- ■ 自己救済のための主張である
- ■ 高齢のため思考の柔軟性に欠け、妥協しにくくなることである
- ■ 他者への配慮の不足である
- ■ アイデンティティの承認のため発する言動である
- ■ 他人や社会との価値観の衝突である
- ■ 後天的な環境による性格である
- ■ 一般常識における生活上の倫理規範から逸脱した言動である
- ■ 介護サービスの提供者の言い訳として通用しないものである
- ■ サービスの質を問うとき、受容されうるものである
- ■ 個人の受容における、受ける側とのズレである
- ■ 人間関係において、対象者が不利益と感じるものである
- ■ クライアントの癒しの一つと考えられる
- ■ 他者との関係をもちたいという甘えである
- ■ 愛する人にとっては心地よいものであるが、そうでない人に対しては不愉快となる
- ■ 他人に指摘されたとき、それまでの自分の言動を振り返る一つのきっかけにしなければならない言葉である

67

第2章　対話の仕掛け

[ケース2] 問い：変だ／変でない言動の境界はどこにあるのか

- 変だ／変でない言動の境界は、それを判断する人の側にある
- その判断は、ある一定の幅（複合性・連続性・可動域・許容範囲）を持つ
- それは、言動に対する何らかの規範や予期（普通〜するものだ）を伴う
- 規範・予期は、言動の理由（なぜ〜するのか）と関連して明示されうる

- そして「一定の幅」の中で、規範・予期を逸脱する意外な要素が一つでもあれば、
- たとえ「言動の理由」が理解できた（一理あると思った）としても、
- わたしたちは、一連の言動の全体（ないしその人）を「変だ」と判断する

[ケース3] 問い：演じるとは、どういうことか

- 演じるとは、他者との間で、自らの意思と、置かれた設定（立場・状況・雰囲気）を考えた上で「役」（他者から見てどうありたいか）を用いることである

十分まとまり切らなかったもの／比較的整理されたもの／一
つの文章になったもの、を順に並べた。このように「答え」の
分量や定式化の度合はさまざまである。例えば［ケース1］で
は、まとめるまでの時間がなく、参加者が答えと考えるものを
複数列挙しただけに終わっている。また、このように並べてみ
ると、内容は異なるが、SDでの「答え」に至る過程といったも
のも見えてくる。つまり、最初は［ケース1］のように、参加
者のさまざまな視点や表現が未整理なかたちで現れる。それが
議論を経て、［ケース2］のような論点の整理がなされたかたち
になる。さらにシンプルに定式化した例が［ケース3］である。
当然［ケース3］も、ここに至るまでには多くの議論があった。
参加者が出し合った視点や表現を、どのように取り入れ、また
何を切り捨てるか、そうした調整を経た上での簡潔な文章であ
る。しかし「答え」が一つの文章になるのはまれで、たいてい
は［ケース2］のような何項目かの箇条書きの形式に整理され
て終わる場合が多い。

「当たり前」の定式化

　ところで、上に示した「答え」を読んでみて、特にSDを知
らない読者はどのような感想を持つだろうか。例えば「演じる
とは何か」と問い、それは「他者との間で、自らの意思と、置
かれた設定を考えた上で「役」を用いること」だ、という答え
が出されたとする。辞書を読んでいるわけではないが、それに
近いものがある。短くまとまり過ぎていて、これだけを読んで
も何が言いたいのかよくわからない。演じることについて「当

たり前」のことが言われているに過ぎないのではないか、これが長い対話の成果なのか。そんな感想が聞かれそうである。それよりも［ケース1］のように、わがままとは「正義である」とか「他人に指摘されたとき、それまでの自分の言動を振り返る一つのきっかけにしなければならない言葉である」といった、個性的な視点・表現がたくさん並んでいる「答え」の方が、よほど刺激的で興味深いのではないか。そのように感じる人も多いのではないか。

　実のところ、SD の「答え」というものは、ある種「当たり前」のことを定式化するに過ぎない。「答え」を探究するために対話を重ね、それを一つにまとめようと努力すればするほど、それは一般化され「当たり前」に近づいていく、と言ってもよい。対話は、複数の人の異なる視点や表現が現れる場ではあるが、同時に、それらを取捨選択していく過程でもある。そこでは多くの人にとって、少なくともその場にいる参加者にとって「共通の」視点・表現が選択されることになる。もちろん参加者は、最初から「当たり前」を目指して答えを探しているわけではない。結果としてそうなるにしても、その過程では、さまざまな視点・考え方に出会い、それらを互いに関連させ、何が共通のものかを探り、合意できるかどうかを試している。また、それは「一般化された」答えとは言え、その場に集まった限りでの参加者が、その場での対話を通して織り成した、極めて固有な産物である。

　要するに、「答えの探究」において重要なものは、結果ではなく過程である。しかも、グループにおけるその場の対話としての、固有な過程なのである。SD を経験した人の多くは、自分た

ちの出した「答え」に対して大きな満足を得る。それは参加者にとって、具体例の詳細な検討を含めた対話の努力の成果であり、さまざまな視点・考えに対する議論を濃縮した「一般」という結晶だからである。この点から見れば、［ケース1］は興味深い成果ではあるものの、残念ながら一般化の過程の手前で終わっている。

　ちなみに「答えの探究」が終わった後、その「答え」を、以前に出し合った「例」に当てはめてみるのも面白い。時間に余裕がある場合、そうしたこともSDでは行われる。たった一つの「例」を検討しただけであるにもかかわらず、その「答え」がどれほど一般性・普遍性を持つのか、そうしたことを確かめることができる。あるいは、別の「例」を取り上げて、もう一度「例の詳述／答えの探究」を行うことも考えられる。いわばSDの第2ラウンドを行うわけであるが、当然時間はなく、それはまた別の機会に、ということになるだろう。

さまざまな探究の方法

　以上がSDの「答えの探究」の特徴であり、参加者にとっての意味である。この探究プロセスはSDの最も重要な部分であるが、進行役にとって非常に難しい局面でもある。それまでの「例の提示・選択」や「例の詳述」、あるいは「例において核になる部分の明確化」に関しては、作業の枠組みが決まっている。しかし「答えの探究」においては、どのような筋道で、何を手がかりにして議論が進むのか、まったく予想がつかない。進行役は、参加者の発言を明確化することに専念するとは言え、あ

第 2 章　対話の仕掛け

る程度の成果が時間内のうちに出せるよう、それなりに配慮しなければならない。そこで、この局面における何らかの方針や枠組みといったものを、進行役として考えておく必要がある。

　一つのやり方として、最初から答えの探究の「枠組み」を参加者に示し、それに沿って進める、という方法がある。私が参加した SD には、次のようなものがあった。進行役は、例の詳述の際、参加者の経験を、あらかじめ「行為の前の状況／行為／行為に対する判断」に分解して記述するよう求めた。そして「答えの探究」では、その「判断」に至った「理由」を定式化することに、参加者の課題を限定したのである。ただし、これには事情があって、この SD は通常よりも短い時間（1 日）で行うことになっていた。進行役は、限られた時間で SD を完遂させるための一つの工夫として、あえて「枠組み」を明示したということである。

　ここまで「型」にはめることはなくとも、最初から「例における判断の理由」を定式化することが目的であると説明した上で、SD を始める進行役はいる。他方、SD における「答え」とは、参加者の「納得の過程」を重視したものでなければ意味がなく、その過程の豊かさを展開すればよい、そのような方針で対話を進める進行役もいる。そこには「型」というものがない分、進行役の力量や個性といったものが問われ、発揮される。どのような方針で臨むかは、進行役の「対話」に対する考え方を反映するものでもあろう。また「型」の適用を一つのオプションと考えて、さまざまな「答えの探究」の方法を試みることができるかもしれない。それらを含めて、SD の可能性があると言える。

2-7 対話の時間と環境

　最後に、SDという対話が費やす時間や対話の環境といったことについて、気づいたことを述べておこう。少人数で集中したワークショップを行うとき、これらは意外に重要な要素をなすものである。その意味で、対話の「仕掛け」の一つであると言える。

　まず、SDの長さについて。私がヨーロッパで参加してきたSDでは、90分を1セッションとして、合計10から12セッションを費やすのが標準的である。たいていは、金曜日の夕刻に参集して日曜日の午前中か午後に終わる。3日間というのは非常に長いが、SDの各進行ステップを丁寧に行おうとすると、最低限これくらいの時間が必要になる。ちなみに、SDが始められた頃（戦前にさかのぼる）には、一週間かけるのが普通であったという。さすがに、これは現実的ではないということで、短縮されてきたのであろう。また今日では、もっと短縮した「1日SD」という試みも行われている。先に触れた「答えの探究の枠組みを示す」やり方も、この一つと考えられる。その他にも、「主になる問い」を最初から示しておく、「例の選択と詳述」をする代わりに既存のテキストや「一枚の絵」などを用いる、進行ステップの一局面だけに限定してSDを行う、といった方法がある。これらは、必ずしも時間の短縮だけを目的としたものではないが、SDのどこかに焦点を絞り、他を省略ないし簡略化する一連の試みであると言える。時間の制限を含めたさまざまな事情や目的に合わせてSDを変形させることは、できないことではない。

第 2 章　対話の仕掛け

　また、3 日や 1 日で集中して対話を行うのではなく、毎週 1
セッションを十数回実施するとか、週末の午後 1 日だけに数セ
ッションを組んで何週間かで終わらせる、といった配分も考え
られる。これは学校の授業や企業研修などで SD を行う場合、現
実的な方法である。実際、私も大学の週一回の演習授業で SD
を行っている。ただし、同じメンバーがすべてのセッションに
参加する、という条件を満たせなくなる可能性が高い。一部の
セッションを欠席する参加者が出たとき、参加者全員での理解
と合意という SD の大切な要素に、ほころびが生じる。さらに、
一週間という時間が空くことで、前回の内容を思い出すことか
ら始めなければならず、それを丁寧に行おうとすると対話が冗
長になってしまう。こうした点から考えても、やはり SD は集
中型で行うのが理想であろう。

　ところで時間と言えば、休憩時間も、集中した対話を行うた
めの重要な要素である。すでに第 1 章でも紹介したように、セ
ッションの間に 30 分以上、昼食時には 2 時間以上の休憩時間が
設けられていた。この間、参加者は対話の集中から解放されて、
ゆったりとした時間を過ごすことができる。また、初めて顔を
合わせる場合も多いので、ここで気楽なおしゃべりをして互い
をよく知る場にもなる。ときには、SD での対話の内容について
議論したり、別のグループがあれば情報交換をしたりする。休
憩時間が短いと、ON/OFF の区切りが曖昧になり、結果として
対話に集中する力が持続しなくなる。日本で SD を行うとき、さ
まざまな事情で休憩時間を短くせざるをえないことが多い。し
かしこれは、対話における大きな環境悪化であると痛感する。
すべての休憩時間を 30 分以上にすべきだとは言わないが、どこ

2-7 対話の時間と環境

かで「暇だ」と感じられるような時間を設ける。日程を組むとき、そうした配慮をする必要があると思う。

どのような場所で行うかも、対話の質を左右する大きな要因である。ヨーロッパには、たいてい街の郊外に、ロッジ風の民宿や修道院などを改修して造られた宿泊研修施設があり、そこでSDが行われることが多い。日常から一旦離れ、休憩時間にはゆっくり散歩でもできるような環境が理想ではある。参加者がよく使っている場所、例えば教室や会議室などでは、どこか日常との連続性が残り、腹を据えて対話する、という雰囲気にはならないものである。

第3章 二つの事例

　この章では、SD の二つの事例を紹介する。一つは社会人を相手にした短いもの、もう一つは大学生を相手に一学期間を通して行ったものである。参加者の層や人数、また目的や長さも異なる二つの事例から、SD の具体的な様子、議論・対話の深まり具合などを示すことができればと思う。

　ただ、実際の対話で繰り広げられた紆余曲折を含め、それぞれの発言や言明の背景などを「読みもの」として再現することは難しい。まして参加者が深く考え・発言し合う SD では、なおさらである。できれば、参加者の発言や板書された言明の一つ一つを丁寧に読み、対話の展開を注意深く追いながら読んでいただきたい。そうすることで、読者も少しは SD の雰囲気に近づけるのではないかと思う。

3-1　仕事をするとはどういうことか

例の提示・選択・詳述

　外国人に日本語を教える学校の教職員を対象にした企業研修として SD を行った。研修の目的は、教職員の仕事に対する意

第3章　二つの事例

識を高めることである。1ヶ月前に簡単なセッションを設け、SDの趣旨を説明するとともに「問い」を決めた。問いは「仕事をするとはどういうことか」となった。教職員全員が集まれる日程が限られていたこともあって、SDも1日（90分×4セッション＋評価の時間1セッション）の短いものにした。参加者は12人で、二つのグループに分かれた。ここで紹介するのは、そのうちの一つのグループの対話である。

　まず進行役は、自己紹介を兼ねながら「仕事をするとはどういうことか」について、自分の考えや出来事を自由に出し合うよう、参加者に促した。つまり、いきなり「例を出してください」というかたちでSDを始めることは避けた。この研修は、全体として「仕事」をテーマにした対話であること、仕事に対する考えを自由に発言できる場であること、これを最初に意識してもらいたかったからである。また参加者の中には、仕事に対する自分の考えを言うために研修に参加する、といった強い気持ちの人もいた。こうして冒頭から、仕事に対する考えを述べ合う流れとなった。次のような「仕事に対する考え」が参加者から出された。

- やりたい仕事でも、やりたくない仕事でも、ある程度の責任感をもってやりきることである。
- やる日の気分によって考えは変わるが、基本的には日々すべきことを一つずつ片付けていくことである。
- 以前からやりたかった職業、責任をもって一生懸命やる趣味のようなものである。
- 生活の糧。生活するためには必要。楽しいことも辛いこともある

3-1 仕事をするとはどういうことか

が……。

■契約に基づいて、その労働に値する報酬を受け取ることである。

　ある程度「考え」が出たところで、一人の参加者から「例」が出された。進行役は、この機会を捉えて、参加者に具体的な経験を話してもらうよう促した。同時に、SDでは「仕事をするとはどういうことか」に対する「答え」に直接向かうのではなく、必ず具体的な「例」を通して「答え」を探すこと、これを強調した。ここから、参加者は幾つかの「例」を出し始めることになる。しかし一つの体験が語られるたびに、それに対するコメントやアドバイスをするような発言が飛び交う。進行役はあえてそれを制止せず、「例」に当たる発言だけを板書した。単に例を出し合う作業を進めるよりも、例に対するさまざまな発言を刺激にして、仕事に対する考えがグループの中で膨らむことを期待したからである。また、他人の経験を語る参加者や、非常に込み入った体験を語ろうとする参加者もいた。この場合は、SDの「適切な例の基準」の趣旨に従って、自分の経験を話すこと、一つのシンプルな出来事に絞ることなどをその場で指摘した。こうして、次のような「例」が板書された。

a. 熱があったにもかかわらず仕事（授業）に出た。仕事・体力・情熱に対する自信がついた。

b. 生徒がよく休むので、半年間のうちに同じ内容の授業を何度かすることになった。仕事自体は進んでないが、その状況に応じてベストを尽くした。

c. 学習塾の講師をしているとき、よく騒ぐ生徒がいた。その生徒と

第3章　二つの事例

　　話し合い、双方納得で授業に来なくてもよいということにした。
　　それも仕事の一つと考えた。
d.　家庭教師の報酬を引き下げられ、嫌な感じを持った。仕事と報酬
　　は切り離せないと思った。
e.　大学生のとき家庭教師をしていて、報酬を引き下げられた経験が
　　ある。仕事をする側とさせる側の関係はフェアだと思っていた
　　が、そこで関係が変わってしまったような気がした。
f.　生徒に「たいしたことない」という日本語を教え、あるとき学生
　　がその言葉を正しく使った。そのとき仕事のやりがいを強く感じ
　　た。

　ここから例を選ぶ作業に入った。グループでは、仕事と「報
酬」に関係した例（d、e）にするか、それとも仕事の「やりが
い」に関係した例（f）にするかで意見が分かれた。結局、報酬
のことも含めて「やりがい」について考えることができる、と
いう発言が参加者を納得させ、やりがいについての例でいくこ
とになった。例は、例の提供者への質問などを交えつつ、次の
ように詳述された。

　留学生たちに日本語を教えている。12人くらいのクラスである。
聴解の時間で「たいしたことない」という表現が出てきた。生徒た
ちがわからないと言ったので、例を挙げて「お父さんが病気で、ど
うですか」と聞かれたとき「たいしたことない」と言うのだ、とい
った説明をした。少ない例示で、しかもあまり時間をかけて教える
ことはできなかった。それにもかかわらず、ある生徒が何日後かに
怪我をして、私に「たいしたことない」と言った。そのとき、この

3-1　仕事をするとはどういうことか

表現をどこかで教えたな、ということを思い出した。生徒も「それは先生が教えてくれました」と言った。それがすごく嬉しかった。

　私はいつも「言葉が使える」ことを目標に、授業や授業の準備をしている。このように、目標の達成を実感できることは稀なので、やりがいを感じた。普段は苦労ばかりで、仕事のやりがいは報酬に依存するところが多い。しかしこのときは、純粋に仕事自体にやりがいを感じた。

補足：ほとんどの場合、目標達成は実感できない。授業の準備は大変で、苦しい。上のような嬉しさだけではバランスが取れない。報酬があるからカバーできる。

キーワード：責任、契約、報酬、やりがい

　例の中に引かれている下線は、詳述の後でグループが重要と思われる部分を確認したものである。また、詳述の途中でさまざまなコメントが出されたが、それらを整理する意味で、例の提供者の了解を得た上で「補足」と「キーワード」を加えた。ここでちょうど2セッション目が終わる時間となった。進行役は、次のセッションから「答えの探究」に向かうことを参加者にアナウンスして、セッションを終えた。

答えの探究

　次のセッションを始めるにあたって、進行役は「答えの探究」

81

第3章　二つの事例

を少し工夫する必要があると感じていた。十分に吟味された「核
になる言明」が確定していないのに加えて、残りの時間が少な
い（2セッション）という事情があったからである。本来であ
れば、答えの探究の仕方に関する議論も含めて、参加者に対話
してもらいたいところである。しかし今回は、ある意味で手っ
取り早く議論を深めることができるような「型」を用いること
にした。そこで、セッションが始まる前に、次のように板書を
しておいた。例の中の下線部分を取り出し、その理由を探究す
るよう、あらかじめ方向づけたのである。

　A.　授業で教えた言葉を生徒が使い、私は嬉しかった。なぜなら……
　B.　目標の達成を実感できることは稀だが／稀なので「やりがい」を
　　　感じた。なぜなら……

　最初に、BはAの「嬉しかった」という直接的な気持ちを前
提にしている、という意見が一人の参加者から出された。そこ
でグループは、差し当たってAの理由を探すことから議論を始
めた。次のような言葉が出された。

- 教師が伝えたかったことが的確に生徒に伝わった、これが確認で
  きたからである。
- 偶然（テストなどではなく）確認できたからである（生きた言葉
  になっている）。
- 普段は苦労ばかりだったからである。
- 自分の仕事に価値があることが認識できたからである。
- 自分が相手に認められた、受け入れられたと思ったからである。

このうち、最後の「認められた、受け入れられた」という定式には異論が出た。この理由を述べた参加者は、「先生が教えてくれました」という生徒の言葉に着目し、教師の人格のようなものが「受け入れられた」のだと考えた。しかし別の参加者からは、そこまで言えるのかという発言があった。さらに別の参加者から、次のような考えが述べられた。ここには、内容（「たいしたことない」という言葉の使い方）が伝わったこと以上に、自分の（頑張って生徒たちに言葉を教えているという）気持ちも伝わったこと、そうした「より以上のもの」を例の提供者は感じている。それが「嬉しかった」大きな理由になっており、仕事の「やりがい」につながっていると。この議論は、一応ここで収まった。

　さて、こうした「理由」に関する議論をしているうちに、仕事というものに関連して参加者からさまざまな視点が出されることになった。進行役としては「嬉しかった理由」の議論から離れていくように感じられたが、仕事に対する一般的な「答え」に接近しているとも思え、そのまま参加者の自由な議論に任せることにした。議論の転換が起こったのは、理由の中で「仕事の価値」という言葉に着目し、それを「相手のニーズに応えること」という視点から考えようとする参加者の発言があったからである。そこから、仕事の価値を「評価する」のは誰か（自分で仕事に「満足する」こととの違い）といった視点、さらには「仕事の目的」とは何かという視点が、相次いで出された。出された視点は、いずれも「仕事のやりがい」に関連させるかたちで参加者が考えている事柄を表現しようとしたものであった。進行役は、これらの議論を次のように整理して板書した。

第3章　二つの事例

- 仕事に価値がある。それは、相手のニーズに応えられることである。
- 仕事は評価される。それは、仕事に対する（自分の）満足とは異なる。
- 仕事に目的がある。そこには「やりがい」も含まれるが、それだけではない。
- 仕事に結果がある。仕事が評価されるのは、その結果に対してである。

　板書を前にして、一人の参加者から「どれに焦点を当てて議論すればよいのか」という疑問が出された。また「仕事の目的」という言い方は漠然としている、そこには二つの捉え方が潜んでいるのではないか、といった発言も出た。グループは、この中で「仕事の目的」というものをはっきりさせたいという意向に傾いた。この議論の流れのまま、参加者の発言を拾うかたちで、進行役は次のような板書をした。

　　何のために仕事をするのか（仕事の目的とは何か）

- お金（報酬）のため
- やりがいを求めて
  - それは内的満足（実感）である。
  - それは他人からの評価を含む。
  - やりがいは、仕事をする過程で生まれたり消えたりする。
  - ある程度の仕事が完結した段階で「やりがい」が十分に感じられる場合、それが次の仕事の段階の目的になりうる。

3-1 仕事をするとはどういうことか

　ここまで書き進めたところで、セッション3は終わった。最後のセッションでは「仕事をするとはどういうことか」に対する答えを作らなければならない。やや強引ではあったが、進行役は最後のセッションの冒頭から、少し時間をとって参加者各自が「答え」を書き、それを前に板書するよう促した。そこで一人の参加者から、答えはこれまでの議論を踏まえたものでなければならないのか、それとも自分の考えを書いてもよいのか、という質問が出た。進行役は「どちらでもよい」ということにした。どちらの書き方をするにしても、最後の「答え」はグループでの合意を経ることになり、そこで、これまで議論してきたことが活用されると考えたからである。次のような「答え」が各参加者から示された。ちなみに括弧内は、それぞれの参加者の自分の答えに対するコメントである。

■ある契約に基づき責任をもって遂行すること、それにより報酬が得られる行為のことである。仕事をする過程において、またはある程度完結した段階で「やりがい」を感じられることが望ましい。（今までの議論をまとめたが、私自身の考えでもある。）

■自分のしたことに対して評価され、報酬をもらうことである。（報酬と仕事とは切り離せない。仕事とボランティアとは違う。）

■仕事の第一の目的は報酬であり、そのために責任が生じる。「やりがい」は、そのための促進剤である。（自己実現は仕事以外でも達成できるかもしれないので「やりがい」は外した。）

85

第 3 章　二つの事例

- 自分の目標を達成し、進むための手段であり、そこに喜びがあることでさらに意味を持つ。（目標は人それぞれ違うが、それを達成できたときに仕事というものが意味を持つものだと思った。）

- 同僚らとの連携をはかりながら助け合い、自分たちの与えられた事柄を確実に達成すること、あるいは確実に達成させる努力をすることである。（議論に即した答えは出てこなかった。仕事をするということは、やはり周りとの連携を考えてしまう。）

- 報酬や「やりがい」を目的として、雇用契約に基づいて労働することである。（どんな仕事にも共通することを、この議論の中からまとめた。雇用契約というのは議論にはなかったが、やはり必要だと思って書いた。）

- 職場の要求に応えられるよう努力し、その結果、自分のしたことに対して評価され、報酬を得られることである。（職場の要求に応えられなくなったときには、いくらお金をもらえてもやめるべきであると思う。）

　多くの参加者が、仕事の目的として「報酬」を第一に挙げている。しかし、そこに「やりがい」をどのように・どの程度関係させるのか迷っているようである。また、同僚らとの連携や雇用契約といった、これまでの議論にはなかった要素を持ち込んできた答えもある。それぞれの参加者からのコメントが一巡したところで、進行役は最終的な「答え」をグループとしてどのように書くか、その定式化を促した。次のような結果となった。

3-1 仕事をするとはどういうことか

問い：仕事をするとはどういうことか

- 仕事をするとは、報酬を得て労働することである。
- 仕事をする過程やその結果において、やりがいが得られたり、得られなかったりする。
- やりがいは、その仕事の最初の目的となるとは限らないが、それらが得られた場合、仕事をすることの目的になりうる。

参加者の感想、SD のリスク

　SD を終えて、二つのグループが集まり、合同で最後のセッションを行った。そこで SD に関する感想や対話における気づきなどを述べ合った。ちなみに、もう一つのグループでは、最終的な「一つの答え」を定式化する時間がなく、参加者各自の「答え」を列挙するだけに終わった。以下では、参加者からの感想を事柄の内容に従って三つに分類し、それぞれについてそのとき私が考えたこと、また現時点で考えていることなどを追記する。最初のかたまりは、SD に対する肯定的な感想である。これらは SD を行えば必ず出てくる。

- 普段まとまりなく考えていたことが、どういうふうに考えていたか、わかることができた。
- 普通の話し合いとは違って、過程に沿っていくのが面白かった。
- 自分がわからないで言ったことが、思いがけず具体的になった。
- 具体的な例を掘り下げる作業は初めての体験で、面白かった。

第3章　二つの事例

- 例を一つに絞ると、答えも限定される。しかし絞られることで、さまざまな発見もあった。
- SDの「答え」は意外なものではなかったが、どこかの本に書いてあるものとは、やはり違う。わたしたちが集まって、そのような答えを得たということに意味があるのだろうと思う。

　二番目は、主に SD という対話の方法に関する「戸惑い」を口にしたものである。参加者は全員 SD を初めて経験した。事前に SD とはどのようなものか、簡単には説明しているが、実際に体験してみないとわからない。特に今回は短い SD であったので、手探り状態のまま SD が終わってしまった、という感想が多かった。

- 相手に自分の意見を理解してもらうのは、難しいと感じた。
- 進行役がどのような「答え」を求めているのかがわからなかったので、常に手探り状態であった。
- シンプルな「問い」だと、自分の意見を伝えるのがすごく難しいと感じた。
- 例を一つに絞ると、どのように自分の意見を言えばいいのか、わからなくなった。
- 頭で理解していても、それを発言することは難しい。話していくうちに、自分がどんな意見を投げればよいのかわからなくなった。もう少し時間があれば、と思った。
- SD というものを、もう少しわかってから参加したかった。暗闇の中を歩いている感じであった。
- ざっくばらんに話が盛り上がらない、盛り上がれない、と感じた。

SDではこうした感想も多いが、そこで私がいつも気になるのは「自分の意見」という言葉である。「意見」とは何だろうか。自分が考えていることなのだろうか。確かに、自分の考えた事柄を（簡潔な文章の形に）定式化するのは難しい。それを考えているうちに、自分の考えていたことがわからなくなるのも、SDでは頻繁に生じる。上に示した感想は、おおよそそのような「戸惑い」の表出である。しかし、そのこととは別に、参加者のうちには、何か「自分の意見」が言えなかったことに対する不満があった。それは次の感想に、明確に現れている。

- SDを体験できたのは良かったが、まずは言いたいことを言わせて欲しかった。
- 仕事に関して自分の意見が言えず、ストレスになった。時間があれば、それを話し合いたい。
- SDが職場の意識を高めるきっかけになると聞いて参加したが、今回の「答え」がどのようにつながるのか疑問である。
- 仕事をするとはどういうことか、自分なりの考えがあって、それが変わるだろうと期待していた。また同じ職場の人が、どんな気持ちで仕事をしているのか、皆で知り合えるだろうと期待していた。しかし実際には「例」について思ったことを作文するだけの作業に終始し、出てきた「答え」も当たり前のようなことであった。何時間もかけてやっと作り上げたことに、何の意味があるのかと思った。

SDでは、具体的な例をめぐって、自分がその場で考えたことを発言する。それが対話を通して重なり合い、グループが考え

たこととして定式化される。しかし参加者は、それとは異なる期待を持っていた。参加者の多くは、仕事に対して「自分が常日頃考えていること＝意見」を直接出し合い、それをぶつけ合うような議論の場を期待していた。SDではそれが十分できなかった、というのである。

　ここにある齟齬は、SDという対話の方法を実行するとき、常に潜在するリスクのようなものである。SDは、意見を出し合う議論の場ではなく、グループで考え合う対話の場である。しかし、そのことを事前に説明したところで、参加者が十分に理解してくれるとは限らない。むしろ多くの場合、人々は「議論」の方をイメージする。それは仕方のないことである。そのイメージを、実際に「対話」することで壊すのがSDであると言える。その意味でこのSDは、議論というものを十分に壊し切れなかった事例である。

3-2　普通とは何か

テーマ（問い）の決定・例の提示

　大学の演習授業の中でSDを行った。参加者は大学3−4年生12人、週1回のセッション（授業）を合計14回行うかたちをとった。初回にSDの概略とルールなどを説明し、テーマ設定も全くの白紙から参加者で決めることにした。まずは自由にテーマを出し合い、候補として次のようなものが挙がった。

　　■パートナーシップ

3-2 普通とは何か

- ■家族
- ■信頼
- ■対話
- ■信じる
- ■夢
- ■幸せ
- ■人は人を許すことはできるのか
- ■その人らしさ・個性は何で／いつ決まるのか
- ■こわい
- ■生きる意味
- ■ウソ
- ■誤解
- ■普通

　この中で、比較的すんなりと「普通」が選ばれた。理由は、日常で誰もが使っている身近な言葉であり、個々の参加者のこだわりに関係なく全員で平等に接近できそうなこと、また、あまりに身近な事柄なので、普段あまり深く考えた経験がなく、かえって探究しがいがあるのではないかと思われること、などである。こうして、テーマ「普通」に関連した「例」を出し合うことになり、次のような経験が参加者から出された。

a. 中学校のとき、普通の服装をするのが嫌だったが、周囲に合わせた。

b. 花火大会のとき、女性二人でデートしていた。自分たちは普通だと思っていたが、周囲を見て「オレら普通じゃないのかな」と思

91

第3章　二つの事例

　　　った。

c. 　小学校のとき空手を習っていた。県内では強かったが、全国大会
　　に出場すると、自分より強い人がたくさんいた。これが普通なの
　　か、と思い知らされた。

d. 　留学のため大学を休学することにした。自分は何も思っていなか
　　ったが、友人に話すと驚かれた。友人にとって、休学は「普通で
　　はない」ことらしい。

e. 　ハイキングでヒールの付いた靴をはいていった。友人から「そん
　　な歩き難そうな靴、普通じゃない」と言われた。私にとっては、
　　これが一番歩きやすい靴なのに……。

f. 　友人と温泉に遊びに行った。別の泊まり客がコンビニに行くのを
　　見て「普通、温泉に来てコンビニに行くか」と思った。

g. 　プロ野球観戦が好きで、二軍の球場にも出かける。普通ではない
　　とわかっているが、あるとき、熱心に観戦している「自分の中の
　　普通」を確かめるようなことがあった。

h. 　私はスカートをはかない。あるとき、店で柄の好きなワンピース
　　を見つけたが、抵抗を感じて買わなかった。それをツイッターで
　　つぶやくと、友人から「下にショートパンツをはけばいいじゃ
　　ん」と返された。自分にとっての「普通」と友人の「普通」との
　　違いを感じた。

i. 　サークル活動で、集合時間などの確認連絡がメールであった。返
　　事を返さない人がいて、「普通、返事を返すよね」と思った。

　例を出し合う中で、すでに参加者は「普通」について考え始
めている。一つの例に対する直観的な感想や、いくつかの例を
まとめるような言葉を、進行役は「ノート」（重要な言明）とい

うかたちで、発言者の許可を得て書き出しておいた。それは次のようなものである。

- 普通は意識の上にのぼらない
- 普通に乗っかっているのは楽である
- 普通「でない」ことには、開放感・快感・愚かさが伴う
- 普通だと自分で思っているわけではないが、他人から「普通じゃない」と言われると抵抗がある

例の選択・詳述

　さて、ここから例を一つに絞る作業に入る。進行役は参加者に対して、どの例を考えてみたいか、その理由はどういうものかを発言するよう求めた。以下に示した発言は、一応一人の参加者からのものであるが、それ以前の対話を上手く要約したり、他の参加者から出された視点を活用したりしつつ、一つの例に対する支持と理由を表明したものである。つまり、いきなり例を選択するための視点や理由が表明されたわけではなく、それ以前の「おしゃべり」のような時間を背景にして、出てきた発言である。

- 普通「でない」ことを通して「普通」に迫ることができるのではないか。例の多くで「普通じゃない」と言われたり、そう感じたり、あるいは普通が「嫌だ」と感じたりしている。そこで、普段意識の上にのぼらない「普通」というものが浮かび上がってくる。例の中で、とりあえず「普通の服装をするのが嫌だった」例（a）

第3章　二つの事例

を考えてみたい。服装に関する話題なので話しやすいから。

■ハイキングの「歩きやすい靴」の例（e）を考えてみたい。一方で「歩きやすい靴＝スニーカーのようなヒールのない靴」という「普通」があり、他方で「自分にとって歩きやすい靴」という「普通」がある。二つの異なる「普通」のぶつかりを、シンプルに考えることができる。

■メールの返事の例（i）は、返事を返すのが「普通」なのか、返さないのが「普通」なのか、議論の余地があると思う。その意味で、考えてみたい。返事を返す／返さないというコントラストで、普通を考えることができる。

■休学が「普通でない」の例（d）が面白い。ここで、普通に関する「型」が現れているから。友人にとっては「休学は（就職などに）不利だから、普通するものではない」という価値観があった。そのような「考えの型」が現れている。それに対して「休学してでも留学を体験してみたい」という別の価値観がある。それは「型」よりも「実質」というか、自分のやりたいことを優先する価値観である。二つの価値観の違いに着目できる。

■ワンピースの例（h）は、強い規範的な「普通」が関係している。それを考えることができる。女性がスカートをはいたりワンピースを着たりするのは「普通」だ、という規範である。また、その規範に対する「抵抗感」の中にある、その人にとっての「普通」（というか普段）を考えることができる。

3-2 普通とは何か

■強い規範と言えば、花火大会の例（b）もそうだ。

■空手の全国大会の例（c）は、知らない所に普通があった、という意味で面白い。たいてい「普通」というものは、身近なもの・知っているもの、そういう所にある。そうでない「普通」を考えられそうな気がする。

　それぞれの視点・理由は興味深く、簡単には絞れそうにない。例を選択するための決定的に優位な視点ないし理由が、グループの中で見つからないのである。こうした場合、一つのやり方としては、どの例が多くの参加者に支持されているか、見えるようにすることである。私がよく使う手は、参加者一人に二票（程度）を持たせて、どの例を支持するか手を挙げてもらう方法である。こうして、とりあえず支持数の差が見えることになり、支持数の多い例に着目しつつグループが「一つの例」に至ることができる。今回の場合、歩きやすい靴の例（e）とワンピースの例（h）の二つが、他の例に比べて支持数として多かった。グループは、この二つの例のどちらを選択するかで議論した。
　議論は最初、歩きやすい靴の例に傾いていた。出来事としてシンプルであるし、誰にでも近づけそうな話題である。それに対してワンピースの例は、少し特殊な、いわゆるジェンダー的な問題を含んだ例である。参加者の中には、この問題に踏み込んで対話をしたいと感じ、積極的にそう表明する者もいた。しかし他方、特に避けるわけではないが、みんなで対等なかたちで対話する素材としては、少し不適切だと感じ、そう表明する者もいた。大学では、すでにジェンダーに関する講義や演習に

95

第3章　二つの事例

出ていた者もいる。また、参加者の中に、セクシュアリティの
問題に関して深くコミットしている者もいた。そうした人が対
話をリードしてしまうのではないか、という危惧が一部の参加
者にあった。しかし、そうは言っても「ワンピースの例」は魅
力的である、と感じる参加者は多かった。「普通」というもの
を、規範の視点から明確な仕方で表現しているエピソードだか
らである。そこで最終的には、規範という視点から「普通」を
考えてみたいということで、ワンピースの例が選ばれた。

　例が決まったところで、「問い」の形も検討した。これは、極
めて簡単に「普通とは何か」という問いで全員が一致した。そ
の他にも「普通はどのように形づくられるか」「規範的な普通と
個人にとっての普通の違いは何か」といった問いが提案された
が、問い方として複雑であるという理由から却下された。その
ように問わなくとも、例の中で十分そうしたことを考えられる
とグループが感じているようであった。ちなみに、ここでも「ノ
ート」として、次のような言明が板書された。

　■大多数の人が選択するであろうことが「普通」なのだろうか
　■ステロタイプ的な「普通」と個々人の「普通」との間で、対立す
　　ることがありうる

　選ばれた例は、次のように詳述され、また重要なポイントし
て波線が引かれた。

96

ある日、私は、偶然お店で「柄がいいな」と思うワンピースを見つけた。しかし、それは女性だけのアイテムだと思っていたので、女性という自認も男性という自認もない自分には、着ることに抵抗があった。

私にとって「女性だけのアイテム」とは、「着ると女の子になっちゃう」あるいは「女の子にされちゃう」ということである。私は基本的には、自分の好みに沿って服を選んでいるが、あまりにも性別が強調されるものには抵抗がある。今回のワンピースは、好みには沿っていたので試着までしたが、やはり抵抗が勝った。

ここで「女性という自認も男性という自認もない自分」ということに関しては、次のように考えている。つまり、いわゆる「普通の人」は、わざわざ「男性／女性である」と言わずとも、男性／女性として生きている。そのことに違和感があり、自分はいわゆる「普通の状態」に当てはまらない。

この出来事を何気なしにツイッターでつぶやいたら、友人から「下にショートパンツをはけばいいじゃん」と言われた。友人とは面識もあるし、ネットでのつながりがある。

私は推測した。たぶん、友人にとってワンピースを着るとき問題になるのは、寒いこと、脚を出すことなのだろう。友人は、私がワンピースを着ることそれ自体に悩んでいるとは思い至らないのであろう。友人にとっては、身体が女である人がワンピースを着ることは

第3章　二つの事例

> 普通のことなのだろうし、他の多くの人にとっても同様であることは、一般的な考えとして理解している。けれど、その「一般的な考え」は、私の「普通」には当てはまらないし、違和感がある。そこで「普通とは何なのか」と考えた。
>
> 私は「ショートパンツをはけば、気分的にはいいかもね」と友人に返事しておいた。自分がワンピースを着ることに抵抗がある本当の理由をその場で話す必要はないと感じたので、軽くあしらった。

メタ・ダイアローグ

　例の詳述を終えた次のセッションでは、メタ・ダイアローグを行った。通常、メタ・ダイアローグは随時提案できるが、今回は授業の一環ということもあって、あらかじめ一つのセッションをメタ・ダイアローグに当てるよう指定しておいた。参加者が対話の中で感じていたものを率直に話し合い、また議論を整理し、その後の対話に活かすことが目的である。また、メタ・ダイアローグのセッションの後で参加者にレポートを課した。そこでは、次のような感想が寄せられた。

> ■一番強く感じた難しさは、話に入りにくいということだった。その要因はさまざまあると思う。一つは、自分の発言が対話のスピードに追い付けないということだ。他の人の発言を聞いてから、それを自分の中で理解し、自分の意見を頭の中で組み立てている

うちに、他の人が発言して話題が変わってしまうことが多々あったように感じた。この意見はメタ・ダイアローグでも同じような意見が周りから出ていたので、同じことは多くの人が感じているだろう。

■授業で対話を進める際に、私は主体的に対話に参加する意欲が削がれるように感じる瞬間が増えるようになっていた。それは、「普通」とは何かということを話しているはずが、頭の中にめぐらされていることは「セクシャルマイノリティー」とは何かということだったからである。セクシャルマイノリティーについての考え方や捉え方を、自分で考えたり、解釈したりすることは私にとって初めてのことであり、一部の人の間でしかわからない話を展開されているような疎外感をもっていた。

しかし、メタ・ダイアローグの時間にその内心を打ち明けると、皆が同じように感じていることを知ることができた。この皆が感じている事は、気持ちのいいものではないので、解決のために何か策を講じようという話をすることができた。自分だけが、対話の流れについていけなかったのではない。対話に参加している全員で何か工夫をすれば、このもどかしさが晴れるかもしれないという希望が、参加者の間で共有できた。このことで、次からの対話に前向きな気持ちで臨むことができた。

対話に参加しているということは、対話の流れに耳を傾け、参加者の言葉をくみ取り、「普通」とはなにかという問いの答えを探すために積極的に議論へ加わる責任があると感じている。しかし、私の感じた疎外感のように、対話の流れの中で感じる大小さまざまなきっかけで、対話への参加が難しくなることがそれぞれ

第3章　二つの事例

の参加者にあるのではないかと考える。メタ・ダイアローグは、その参加しにくさを打ち明けることができ、自分だけの問題ではなかったということに安心できるとても貴重な時間であった。

■まだ「答えの探究」は始まっておらず、議論が紛糾していたわけではなかったが、強制的にメタ・ダイアローグが挟まれていることで、右も左もわからないまま SD を続けていた参加者にとって「SD のあり方・進め方」に対する見直しを行うことができたように思う。結果、「専門用語（ジェンダー関係など）を控えること」がルールとして再確認され、また議論の流れに参加者全員が追いつくため「とにかく思ったことは、まとまっていなくてもすぐ発言する」「発言にわからないところがあれば、周りが質問するなどしてフォローし、相互に理解を努める」という方法が立案された。

初めは、ざっくばらんに発言することに慣れるまでにすこし時間がかかってしまい、他の授業での議論と同じように、知識を用いたり考えをまとめてから発言しようとした。メタ・ダイアローグは、本当に大事な手順であったと思う。

メタ・ダイアローグは相当な効果があったようである。特に、例が「セクシャルマイノリティー」や「ジェンダー」に関わる内容であっただけに、それを対話の中でどのように取り扱ってよいのか、対話をリードしている参加者にどのようにその違和感を伝えるべきか、ということに関して対話できたことが、大きな成果であった。

3-2 普通とは何か

答えの探究 1

　さて、ここから「答えの探究」に入る。進行役は、どのように答えを求めるかに関して、特に筋道を示さず、参加者が自由な仕方で議論することの中から、最終的に「普通とは○○である」といった言葉が定式化されればよいとだけ言って、後はグループに任せた。一人の参加者から「まず、例の中に現れている「普通」の分類をしてはどうか」という提案があり、そこから「答えの探究」は始まった。結果として、次の三つの「普通」が指摘された。

　A. 大多数の人が意識・無意識にかかわらず結果として選択している　普通（多数の普通）
　B. 社会通念的な共通認識としての普通（規範の普通）
　C. 自分に「しっくりくる」あるいは「違和感がない」ものとしての　普通（個人の普通）

　自然な議論の流れとして、ここからグループは、三つの普通の関係を定式化することに関心を持った。以下、この議論に際して現れたさまざまな発言（言明）を収録しておく。一つのかたまりが、必ずしも一人の参加者からの発言であるというわけではない。また、収録の順序も発言の順序とは若干異なる。議論の全体が見えやすくなるよう、ここでは整理してある。

　■多数の普通（A）と規範の普通（B）は、異なるものであるが関連している。多数の普通は「経験的に確かめられる」ものであるが、規範の普通はそうではない。また、多数の普通から規範の普通が

101

第3章　二つの事例

単純に出てくるわけでもない。

■ 規範の普通（B）は道徳的・決まり事的な形であって、多数の普通
　（A）から進化（？）してきたものではないか。

■ 規範の普通（B）は、多数の普通（A）からは独立している。規範
　の普通は多数の普通より強い。規範の普通は「凝り固まって」い
　る感じである。

■ 多数の普通（A）と規範の普通（B）は、一種のルールであるが、
　絶対に守らなければならないものではない。多数の普通が大衆に
　連動して流動的である一方、規範の普通は固定的である。

■ 個人の普通（C）について考えることが重要である。それは、多数
　の普通（A）とも規範の普通（B）とも関連している。自分に「し
　っくりくる」あるいは「違和感がない」ものは、A・Bとの関連で
　「波風を立てない・波風が立たない」ようにした「普通」の在り方
　である。

■ 多数の普通（A）や規範の普通（B）から、個人の普通（C）が形
　成されてきたのであろう。それは理解できるが、逆はどうか、よ
　くわからない。

■ 単純に、個人の普通（C）の寄せ集めを多数の普通（A）と考える
　ことができる。そうだとすれば、規範の普通（B）とは何か、上手
　く説明できない。

3-2 普通とは何か

　グループは、三つの「普通」を何とか関連づけようと試みるが、上手く進まない。少し議論が停滞したところで、関心は「個人の普通」をどのように考えるか、という方向に移っていった。そこで一人の参加者から持ち出され、グループ全体としても興味を示したのが「選択」あるいは「選択肢」という視点であった。ワンピースを選ぶ／選ばないこと、ワンピースの代わりにパンツを選ぶ／選ばないこと、そこで感じるもの（しっくりくる／違和感）が「普通」に関係している。そこから「普通」を説明できるかもしれない。グループは、次のセッション（次回の授業）で、この「選択」に関する議論をすることになった。

　グループは、個人の普通（C）における「しっくりくる」や「違和感がない」という感覚に着目し、それを「選択」の視点から定式化しようとした。まず「選択には意識的／無意識的なものがある」という一人の参加者の言明を手がかりに、議論は始まった。最終的には、個人の普通（C）のうちには二つの異なる次元（C1/C2）があり、それは次のような特徴を持つものとして定式化された。

　C1：意識・想像・経験を経た上での普通
　　　■自分に「しっくりくる」という感覚は、何かを選ぶとき、選択肢があることに気づいている
　　　■選択肢があって、「しっくりくる／こない」の両方を意識ないし想像している
　　　■例えば、さまざまなスカートやパンツを試着し、自分に「しっくりくる」ものを選ぶこと、そうした自分にとっての「普通」の感覚

103

第3章　二つの事例

C2：意識にのぼらせたことすらない普通
- ■自分に「違和感がある／ない」という感覚は、選択肢があることそれ自体に気づいていない
- ■例えば、スカートをはかないのが「普通」の（男の）人にとって、スカートをはくのは違和感がある
- ■本当は「スカート／ズボン」という選択肢があるのだが、その人にとってスカートは意識にのぼらせたことすらない選択である

　この区別は、参加者にとって大きな発見であったようである。特に「選択肢があることそれ自体に気づいていない」選択という視点は、最初の頃の「普通は意識の上にのぼらない」という言明と共鳴して、グループに強く残った。また同時に、ここで、意識の上にのぼらなかった普通がどのようにして意識されるようになるのか、それはどのような場合か、といった事柄について関心が向けられることになった。それは、これまでの普通の区別と重ね合わされ、議論をいっそう複雑にした。
　意識の上にはのぼらない、いわば「無垢の普通」がある。しかし、それを受け入れることに違和感を持ち、別の選択肢があることに気づくことがあり、少数かもしれないが気づいている人がいる。あるいは、ある文化の中では「普通」であることが、外部から見れば何か偏った選択に映ることもある。そうしたことに気づくには、ある種の想像や経験を必要とする。この意味で「意識・想像・経験を経た上」での、つまり別の次元での「普通」というものも考えられる。さらに、選択肢は時間によっても変化する。流動的でもあれば、固定的（規範的）な側面も持

っている。先鋭的なスタイルによって「意識の上にのぼらない普通」を崩し、新たな「意識・想像・経験を経た上での普通」を切り開く例もある。また、マイノリティー／マジョリティーの区別にも議論は及んだ。

答えの探究2

しかし、議論は弾むが「普通とは何か」に答える方向で対話が進む気配がない。ある程度話が出尽くしたと思われたところで、進行役は「例に戻る」ことを参加者に勧めた。例の中で「意識にのぼらせたことすらない普通」（C2）や「意識・想像・経験を経た上での普通」（C1）とはどの箇所なのか、また「多数の普通」（A）や「規範の普通」（B）とどのように関係するのかを検討するよう、促した。しかも、例の中で最も重要と思われる箇所を一つに限定する、という条件で。参加者は、例の中で「普通」という言葉が使われている箇所、また例の提供者が「普通」を強く感じている箇所をもう一度検討し、次のような「核になる言明」を見出した。

- 女の人がワンピースを着るのは普通である、と（例の提供者が）思った

この言明について、まずは「女の人がワンピースを着る」のは「規範の普通」（B）に当たることを、グループは確認した。そうした意識を、例の提供者の友人は明らかに持っている。また例の提供者自身も、そのように推測・理解している。しかし、

第3章　二つの事例

その「普通」に対して、例の提供者と友人との間では反応が異なっている。つまり友人にとって、それは「意識にのぼらせたことすらない普通」（B＝C2）なのであるが、例の提供者にとっては「意識・想像・経験を経た上での普通」（B＝C1）である。ここから、次のような言明が導き出された。

- ■「規範の普通＝意識にのぼらせたことすらない普通」の当事者は、それに気づくことができない
- ■「意識にのぼらせたことすらない普通」は「規範の普通」を内在化させたものである
- ■「意識にのぼらせたことすらない普通」は「規範の普通」から作られる側面がある
- ■「規範の普通」は「意識・想像・経験を経た普通」へと変化しうる
- ■「規範の普通」が同時に同じ場所で「異なって」存在する場合、「意識にのぼらせたことすらない普通」は「意識・想像・経験を経た普通」へと、強制的に変化させられる
- ■この変化を経験した人は、外部から「規範の普通＝意識にのぼらせたことすらない普通」ということを観察しうる
- ■この変化を経験した人は、「規範の普通＝意識にのぼらせたことすらない普通」には戻れない

さて、ここまできたところで、進行役は「答えの定式化」に向かうよう参加者を促した。例の詳述が終わってから、すでに３セッションを費やしている。残りの時間を考えると、どこかで「答え」を意識した議論へと方向を転換する必要がある。進行役は参加者に対して、これまでの議論全体を考慮した上で、

3-2 普通とは何か

各自の「答え」に当たると思われる言葉を定式化するよう提案
した。そこで何人かの参加者から、次のような定式が提示され
た。

- ■普通とは、次のようなことである
  - 相手の行動を予測できる可能性が高い
  - 自分の行動を相手に予測してもらえる可能性が高い
  - ぎょっとする／されるようなことではない
  - これは場所・関係性によって変動しうる
  - 予測とは、知識としてではなく感覚としてできるものを含む
  - 予測には、勝手に（無意識に）取捨選択しているものがある

- ■普通とは「乗り物」のようなものである
  - 乗り物同士がぶつかった際、乗車人数が多いほど、その「乗り
    物」は強い傾向にある
  - 乗っていることは、乗っているとは意識しづらい
  - ぶつかったりして、他の「乗り物」の存在に初めて気づく
  - 乗り換えもできるが、乗り換えず無意識に運ばれることもある

- ■普通とは、ある条件下、人の性格や傾向、関係性、場所などにお
  いて「ありうるか／ありえないか」と思えることである
  - 何らかの「枠」の中で普通というものは規定される
  - 何らかの「枠の優先」の中で普通というものは規定される

- ■普通とは、「普通でないもの」があって初めて成立するものである
  - あまりに当たり前すぎて「普通である／ない」という区別それ

107

第3章　二つの事例

自体がない状態がある
- 区別のある状態から区別のない状態を見て、そこで初めて「普通」が発見される
- これはあくまで区別のある状態の人にとっての普通である
- 普通とは極めて相対的・恣意的なものであり、文化によって「普通」は違ってくる

■ 普通とは、ある立場に立ったとき、それが「許せる／許せない」かによって決められる
- 立場は、自分の立場とは限らない
- 他人の立場（居合わせる人、周りの人、社会、世間）から自分の立場では選ばない選択肢を取らざるをえないときもある
- しかし、これは「普通とは何か」ではなく「普通をどのように扱うか」に関する問題である

これまで「普通」に関するさまざまな分類や関係をグループで確認してきた。それでも「答えの定式化」となると、参加者個々人によって重点の置き所や表現は相当異なってくる。そこで、これらの定式を前にして、グループ全体での定式化に何が必要か、どのような表現を採用すべきか、また切り捨てられるものは何か、について話し合った。その結果、次の点が確認された。

■ 個人とのコントラストを考えて「大多数」「世間」というキーワードを使う必要がある。しかし「個人の判断・選択」と「普通」との関係をどのように表現するのか、適切な言い方が見つからない。

3-2　普通とは何か

■普通というものを説明するとき、「枠」という言葉を使うのが有効になるのではないか。あるいは「条件」という言葉が、それに代わるものである。

■普通の「成立」に着目した言い方を採用すべきかどうか。必ずそれを入れ込む必要はないが、入れた方がよい。しかし、普通の「成立」について、わたしたちは十分議論していない。

　ここで再度、答えの定式化を試みる。今度はしばらく考える時間を設け、まずは各自のメモ用紙などに「答え」を書き込み、それを発表することにした。全員が上手く「答え」を文章にできたわけではないが、以下のものが有力な定式化として板書された。

■普通とは、それまで経験した状況（条件）を基に、ある状況（条件）下である物事が「ありうるか／ありえないか」を察するため、無意識に形成されるものである。人が「普通」を認識するのは、対象となる物事が「ありうるか／ありえないか」を察するのに失敗した（普通でないものに出会った）ときである。個人は、意識の有無を問わず、行動選択にあたって、「普通」に基づき、状況を構成する各要素（個人、周囲、場所など）の重要度（優先度）を調節する。

■普通とは、ある事物がそれの起こった「枠」の中において十分に「ありうる」と思われる、ということである。「枠」とは、事物が起こったとき、場所、文化、一般的見解、また個人の価値観など

109

第3章　二つの事例

の「ありうるか否か」を判断するための指標である。多くの場合、ひとつの事物に対しても複数の「枠」が想定される。また、普通とは「普通でないもの」があって初めて成立する。

■普通とは、個人が無意識に持っている価値観であり、大多数が賛同するものの集合体である。この価値観は、社会の規範や個人の過去の経験などの影響を受けて形成される。

■普通とは、ある行動や状態を評価する際の「枠」(評価基準の慣例的な集合)である。それは、(1) 社会的な合意として受け入れられ予測可能であること、(2) 経験的な判断により多数であることから予測可能であること、(3) 個人の経歴・性格により予測可能であること、の三つに分けられる。

■普通とは、ある「枠」に当てはまるものを指す。その「枠」とは、個々人が持っているさまざまな判断の基準となるものである。「枠」は一つとは限らず、自分を基準にした「枠」もあれば、世間一般の考えを内在化させた「枠」も存在する。「枠」を普段意識することはないが、他人との比較において、「枠」の存在・違いが明確になる。

　かなり「つぶ」がそろってきた。普通に関するこれまでの議論を踏まえて、個々の参加者が自分なりの一般的な定式化を達成し、なおかつ共通の表現で統一されつつある。グループで「一つの答え」にするまで、あと一歩の地点にまで来ている。しかし同時に、細かな点における差異も、より明確になっている。

3-2 普通とは何か

進行役が、グループの合意によって「一つの答え」を作ろうと
促したとき、その差異にこだわる参加者も現れた。特に「枠」
という言葉づかいに微妙な表現の違いがあること、それをどう
説明するか、といった問題に関して議論が再び白熱した。それ
をまとめたのが、以下の言明である。

- 普通を規定する「枠」が、どこにあるのか明確になっていない。そ
  れは個人の頭の中にあるものなのか、それとも社会や世間の中に
  あるのか。そうだとすれば、複数の「枠」があることを明示した
  答えを作るべきである。

- 何人かの参加者が、「判断」や「判断基準」あるいは「評価基準」
  という言葉を使って「枠」を説明している。これを利用して「枠」
  という言葉を残して答えを作ってみるのがよい。

- さらに、「枠」は普段意識されないが、他人との比較において「枠」
  の存在・違いが明確になること、これを明示すべきである。

答えの定式化

　進行役は、これらの点を確認した上で、もう一度、各参加者
に「答え」を定式化するよう参加者に求めた。ここから一挙に
「一つの答え」に至ることもできたかもしれないが、まだ一部の
参加者に納得のいかない様子が見えたからである。また、ほぼ
合意していたとしても、その点を上手くまとめて定式化するこ
とに、参加者は遠慮しているような雰囲気もあった。勇気をも

第3章　二つの事例

って「この答えでどうだ」と言える参加者がいなかった。SDの
最終段階では、よくあることである。さて、各参加者（全員で
はなかった）が最終的な「答え」として定式化したのは、次の
ようなものであった。

■ 普通とは、ある状況に対して個人に内在する「枠」に当てはめ、し
　っくりくると評価したものである。「枠」とは、例えば大多数の立
　場、個人の価値観などの評価基準を指す。この枠を普段意識する
　ことはないが、人と人との比較において「枠」の存在・違いが明
　らかになる。

■ 普通とは、人がある物事を見たり聞いたりしたとき、その人の内
　にある行動や状態を評価する際の「枠」にあてはめ、「ありえるか
　／ありえないか」で決められるものである。その「枠」は、大多
　数／世間に合わせた枠、個人としてしっくりくる枠などさまざま
　な枠があり、それを場面や関係性などに合わせて無意識的もしく
　は意識的に取捨選択している。「枠」を普段意識することはないが、
　他人との比較において、「枠」の存在・違いが明確になる。

■ 普通とは、ある行為・状況を、未だ起こっていない、既に起こっ
　たということを問わず、評価する「枠」である。その「枠」は、あ
　る行為・状況が、その前の時点で予想できるか、という評価の基
　準であり、世間的・集団的・個人的な状況のどれをどれだけ加味
　するかということは、評価するもののうちにも、評価するものの
　間にも複数の基準がある。普通とみなす行為は、常に他者の評価
　基準に影響を与え、明確な相違は評価基準の存在を明らかにする。

112

3-2　普通とは何か

■普通とは、人が物事を評価する際に、個々人が持っている「枠」を用いる中で、当てはまるものである。「枠」には、自分を基準にした「枠」もあれば、大多数／世間を想定した「枠」や、自らが主体となることのないものに対しての「枠」も存在する。これは人と人との比較において明確になり、普段は意識的もしくは無意識的に取捨選択しているものである。

■普通とは、人があるものごとを見たり聞いたりしたとき、その人が所持し、時には所属する「枠」（それは普段意識することはないが、人と人との比較において、存在・違いが明確になる）に当てはめ、「ありえるか／ありえないか」で判断されるものである。

■普通とは、人があるものごとを見たり聞いたりしたとき、その人の内にある「枠」に当てはめ、「ありえるか／ありえないか」で決められるものである。その「枠」は、大多数／世間に合わせた枠、個人としてしっくりくる枠などさまざまな「枠」がある。それは、ある行動や状態を評価する際の基準となるものであり、それを場面や関係性などに合わせて取捨選択している。「枠」を普段意識することはないが、人と人との比較において「枠」の存在・違いが明確になる。

■普通とは、個々人が事柄の「ありうる／ありえない」ということを意識／無意識的に評価する基準となる「枠」のことである。「枠」にはさまざまなものがあり、世間一般の「枠」から個人の「枠」まである。普段、人はこれらの「枠」を意識することはないが、人と人との比較において、「枠」の存在・違いを見出せる。

113

第3章　二つの事例

　参加者個々人としては、これで十分な「答え」を定式化した
と思われる。ここから、すべての「答え」に共通した部分を取
り出すことで、グループとしての「答え」を書き出すことになっ
った。その過程で、どのような「枠」の種類を列挙するかが、
やはり問題になった。例に照らして考えれば、自分（例の提供
者）を基準にして「スカートをはかない」という枠を持ってい
ること、また大多数／世間にある「女の人はワンピースを着る
のが普通である」という社会的通念の二つでよい、という意見
もあった。しかし、その後の議論では、例えば全く異なる文化
に接したときの、外部から観察しうる「普通」も話題になった。
そこで、少しだけグループで話し合った結果、「自らが主体とな
ることがないものに対する枠」という文言を入れることで落ち
着いた。また「ありえる／ありえない」には程度があることも、
明記することになった。こうした書き出された「答え」は、以
下の通りである。

普通とは、ある枠に照らし合わせ、「ありえる／ありえない」で評
価・判断されるものである

■枠は、個人の中にも複数存在し、
　－自分を基準にした枠
　－大多数／世間を想定した枠
　－自らが主体となることがないものに対する枠　などがある

■枠は、人と人との比較において、その存在・違いが明確になり、

3-2 普通とは何か

意識的／無意識的に取捨選択しているものである

- また「ありえる／ありえない」には程度がある

参加者の感想

　これまでの記述からもわかるように、グループでの「答え」の定式化には、かなりの時間が費やされた。最後の授業は「評価」の時間にあてる予定であったが、それも使って「答えの探究」を行った。参加者たちは、なんとかグループとしての定式化に辿り着いたことで、それなりの満足を得たようである。そこで再びレポートを課し、SD に対する評価・感想を学生たちから集めた。抜粋の形ではあるが、それらの言葉をできるだけ多く収録してみる。まず、SD の全体に関する感想から。

- 他人の考えを受け入れ、自分の意見をまとめ、それをわかりやすく他人に伝えるという、相互に密なやりとりが必要となる議論に、ここまでじっくりと取り組む機会ははじめてであった。研究発表等で自分の意見を表明する機会はあるが、それに対してのレスポンスが SD では豊富かつ迅速である。それらに対応するためには、専門知識以上に思考力が求められていた。「普通とは何か」という問いに対するひとつの結論が出たことも、大きな学びの成果であった。

- SD では、意見を交わす中で、自分と意見が同じだとしても違うと

115

第3章　二つの事例

しても、議論のテーマについて自分と同様に真剣に考えている人がいるという親近感や安心感を持つことができた。特に今回は「普通とは何か」という抽象的・普遍的なテーマだった。こうした議題について、日常のシーンの中であれば、考えても切りが無く、答えを出しても仕方がないことだと終わらせてしまう。誰かからの受け売りを、そのまま受け入れることで終わりにしてしまうかもしれない。SDでは、あえてそこに踏み込んだ。こういう機会を得ることができたことは、非常に貴重だった。

■対話の中では、一つの答えをだすために、参加者から発せられる言葉は、全てが答えに結びつけるために重要な要素として扱われる。それは、学問的に正しい・正しくない、という基準ではなく、参加者自身が何を感じ、何を考えているかということが重視されているからである。SDでは、一人一人の発言に注目する機会が多いと感じた。そのことは、ひとつの問題を解決するために、参加者それぞれに視点があり、生きてきた背景があるということを認めていると言える。誰かをおとしいれたり説得したりするためでない、何かを生み出すための対話。これは日常生活のあらゆる場面に取り入れたいと感じる点であった。

■議論・対話における楽しさとして、日常会話の時よりも参加者同士が発言者の話を聞こう・理解しようと努め、発言に対して真摯に向き合う姿勢が挙げられる。日常会話の時には、相手の話を聞き流したり、自分の話を聞き流されたり、適当な相槌をうったりうたれたり、ということがしばしばある。しかしSDでは、話の場に出された発言の一つ一つがその時の議論・対話のテーマにとっ

て重要な材料となる発言として、真剣に取り上げられる。そして真剣に吟味された結果、発言者が見落としていた点に対する指摘や、想定していなかった角度からの意見などが返ってくる。参加者全員がお互いの発言を尊重し、理解しようと努めることによってより議論・対話は活発となり、それが面白さへとつながるのである。

■ 一人で頭の中で考えているときと一番違うのは、「考えの膨らむ速度」だと感じた。一人で考えていても、その考えを膨らませていくこともできる。しかし、議論の場で対話しながら考えていくと、その速度は驚くほどに上がる。さらに面白いのは、Aという視点を議論の場で投げかけた際にA'に膨らませることができるだけではなく、Bという新たな視点（ときにはさらにC、Dという視点まで）も付加されて返ってくるということだ。議論の場に複数の人がいれば、それだけの視点・考えが生まれうる。自分が持ちえない視点・考えもそこに含まれるだろう。だから自分一人だけではできない速度で考えが膨らみ、また自分では深めることができない深め方もできるのだろう。その一方で、それによって生まれる難しい点もあると感じた。さまざまな視点が示されることは、そこで議論が（乱雑にもなりうるが）盛り上がるからよい。しかし議論が盛り上がるということは、それぞれが自分の思考を刺激されてさらに新たな視点が生まれるということだ。これはさらに議論を盛り上げ深めることになるが、その程度の加減が非常に難しいと感じた。

■ SDは、参加者同士でコミュニケーションをとるというよりも、ロ

ジカルな議論をしている印象が非常に強い。授業の最初は、参加者の言葉を尊重し、細かく言葉のニュアンスにこだわることに疑問を持っていた。発言の意味が伝わればいいのではないか、簡潔にまとめ直せばそれでいいのではないかと思っていた。しかし、それは参加者の理解を確認する作業でもあることに気づいた。「普通とは何か」という抽象的な問いであるからこそ、言葉にする段階ではどのような言い回しであれば、参加者が理解できるのかを熟慮する。SD は、参加者の言葉を大切にする議論だと感じた。

■ 過程としての SD の有効性は、今回の授業を通して十分に理解することができた。しかし、何かしらの結論を求め、そのために行う議論とは異なっているように思われた。SD をはじめる前は、会議等の話し合いの場にも応用できるのだろうかと考えていた。だが全行程を終えた今では、それは難しいということがわかった。第一に時間がかかりすぎる。また、はじめに結論の目星がつく訳でもなく、実感としてはほぼ無から有を生み出すものであった。結論のクオリティや細部にこだわること以上に、全員の意見を広く拾いつつ、納得のいく形に練り上げる。この過程が最も重要であったと私は考えている。あえて SD の問題点をあげるとすれば、この議論があまり多くの場面には応用できなさそうであるという点であった。

こうした感想の中で、特に「本から得た知識や他人の受け売りを持ち込まない」というルールに、学生たちは驚いたようであった。また、参加者の「経験」を基に発言するという議論の方式も、通常の大学での講義や演習にはない新鮮さを見出して

3-2 普通とは何か

いる。

■ SD を経験して「専門的な知識を用いてはいけない」というルール
が、何よりも驚きであり、一番のいい所だと感じた。まず、下準
備の時間が少なくて済む。例えば、具体的な論拠を重要視する演
習などの授業では、話し合いに臨む前に、調べ学習やデータの取
りまとめなど多くの準備時間を要する。一方 SD は、参加者の具
体的な経験に即して話を進めるため、準備時間が軽減できる。自
分の記憶を思い出しながらでも話ができるため、準備よりも話し
合いそのものに多くの時間を割ける。この点が、議論をより深め
る一因となっているのだろう。また準備の必要がない分、多くの
時間を他人との話し合いに充てられる。SD では必ず他人との対話
を必要とするため、個人の時間が少ない。他人の話す内容が論点
となるため、必然的に傾聴の姿勢が高まる。自分自身も、相手に
きちんと理解してもらうために話をしなければならなくなる。

■ 専門用語を使わない。誰にでも伝わる言葉で表現する。これは非
常に良いものだと思った。普段受ける講義や、読む資料・文献、先
生に質問に行くとき、「学問」と名づけられるようなあらゆる場面
で、専門用語が飛び交っている。それを無しにするというのは、は
じめはかなり苦労した（採用された例が、ジェンダー学的な問題
として扱える内容であったせいもあるとは思うが）。そこで気づか
されたのが、自分が思っているほど自分が用いた言葉が思ってい
る通りには伝わらないということだ。SD の中で、言葉の定義を確
認する場面が数度あった。特に細かい議論をするときは、言葉の
意味をどのように理解しているかの確認が必要だと感じた。

119

第3章　二つの事例

■専門用語を使わないことで可能になったのは「全員が議論に参加する」ということだと思う。専門用語が出てくると、知識量によって議論に参加できるか否かが決まってしまう。自分の専門とは少し違う授業を受けたときには、話を理解することが精一杯で、自分で考えてみたり発言したりする機会は簡単には得られない。SDは、話しているテーマこそ難しいが、議論への参加は難しくない。交わされている議論が理解できて、自分でさらに考えられるからだろう。それによって自分の思考が刺激され、新たに思いつくことも面白い。また、専門用語は使わずとも各々の専門分野の「ものの見方」が時折あらわれているように感じた。専門用語なしで全員が参加できるからこそ、多分野の視点の持ち方に触れることができたのだと思う。

■議論において「経験」に基づくことは、専門的な知識を必要としないということだ。自分自身にもよくあることだが、高度な話し合いの場になると、自分自身の知識不足やボキャブラリーの乏しさから、発言に躊躇することがよくある。しかし、経験とはその人にしか持ち得ないという点で確固たるオリジナリティがあり、ある種胸を張ることができる。どんな拙い言葉で語ろうとも厭わない場というのは、発言する気軽さがある。発言が飛び交えば、それだけ議論も盛り上がる。実際、授業でもそのような手ごたえを感じた。今回、性的マイノリティーに関わる内容の議論であった。そうした立場にある人の意見は、専門的知識に即して話をすると、聞き慣れない言葉によって話を理解することになる。しかし、個人の経験をその人がその時に感じたことを踏まえて話をすることで、歩み寄りながら理解することができる。ある種、感情や感傷

に訴える部分があるからこそ、共感にも似た理解が生まれるのではないだろうかと思った。

■ SD を通して、こんなにも他人の話に耳を傾けることが必要な話し合いはあまりないのではないかと一番に感じた。それは「経験」に即して議論を進めていく話し合いであるからであろう。知識ではなく経験であるがために、傾聴しなくてはわからない部分が多くある。そして注意深く聴くことで自分の考えや意見が深まっていく。意見を受け取り、そして考え発信していくという応酬のスキルが試される場であるように感じた。

さらに、いわゆるディベートとの対比で SD を評価する者もいた。学生たちにとって、議論と言えば、まず「討論＝ディベート」のイメージが強かったようである。それとは全く異なる「対話」の授業を経験しての感想である。

■ SD は、全員で一つの答えを探求することを目的とする。かつて私が経験したディベートでは、チームは常に二つあり、そのどちらかが正しい、あるいは優れていることを決めなければいけなかった。そのため、チーム間の対話ではどうしても相手の優位に立つための話し方や論の展開を用い、相手の主張の矛盾点や弱い部分を指摘してきた。しかし SD は、対話の中に矛盾点や弱い部分があれば、お互いに補い合っていかなければならない。この作業はほとんど経験のないもので、他人の言葉を自分の中で噛み砕き、再構成して発信することの難しさに直面した。

第3章　二つの事例

■私が経験した議論は、ほとんどがディベート形式であった。最初から異なるいくつかの結論が用意されており、その中からひとつを決めることが目的であった。時には大会として、多くの支持を集めた方が勝ちというルールの中で議論を行うこともある。一方SD では、場の中で多くの賛同を得るということには、ディベートの時ほど意味はなかった。むしろ意見が安易に多数派に流れてしまわないよう、疑問を投げかける方が、結論を創り上げていく中では重要であるように感じられた。少数派とされる意見を慎重に吟味し、掘り下げていくためには、その意見に対する質問を繰り返すことが有効である。少数派の意見を否定することは簡単だが、それらをひとつひとつ拾い上げ、吟味し、淘汰してくことはまずない。この点は、SD 特有の議論の進め方であるように思う。さらに、ディベートとの違いとして、最初に一切の結論が与えられていないという点も新鮮であった。SD で得られる結論は、実際には学問の中では初歩中の初歩にあたる内容しか持たないかもしれない。しかし、文献を読む中では他人の考えにしか過ぎないものを、自分自身で考えプロセスを持って獲得することで、より深い知識の理解と定着を感じることができた。

ちなみにレポートでは、哲学と SD との関連を考察することも求めていた。そこでは次のような「哲学すること」に対する評価が見られた。

■哲学はひとりでもできる。あれやこれやと思いを巡らせ、自分なりの答えを導き出す。人それぞれ口には出さないかもしれないが、こういった形の哲学は日常生活においても為していることであろ

う。しかし、複数人との対話を通した哲学も存在する。SD はこちらの哲学に属する。SD のように、対話を通して哲学することの意義には、自分とは異なる他者の存在が大きく関わるであろう。ひとりで哲学する場合は、どうしても考え方に偏りが生まれてしまう。人間はある程度、思考の傾向が決まっているのだから。どのような偏りが生じているかを自覚することさえ困難であるだろう。時間を経て振り返った時に気づくことがあるというように、長い時間をかけて、ようやく気づくことができるかどうかというくらいである。対話を通しての哲学であれば、そのような思考の偏りに比較的すぐに気づくができる。このように他者を通して自分を見つめ直せるというのは、対話を通しての哲学の大きな意義であろう。もちろん自分ひとりで哲学して、答えを出すことも重要である。

■ 私にとって哲学は、長々しい文章で難解だというイメージがある。私自身大学で哲学を学んでいても筆者が何を言っているかわからないことが多い。ただ、難解な文章であるからこそ、視点が違えばさまざまな解釈もできる。SD では、わたしたちの経験を例として「哲学」していく。ここでは難解な例や文章を読み解く力は不必要であり、これこそが先人達の哲学を学ぶときとの大きな違いであろう。どちらも「哲学する」ことには違いないが、SD は日常生活の中から哲学を見つけ出し、議論して答えを導く。同じように「哲学」を冠していても、その手段や目的は全く違うものである。授業を通して哲学することに対してさらなる可能性を感じた。

■ SD を通じて、哲学することについて考えを巡らせてきた。その中

第3章 二つの事例

で、どんな問いにも答えは出せるということを学んだ。その答え
が正しい、正しくないかは別にして、わたしたちなりの答えを作
ることができた。哲学は、一見答えのない問いに向き合うことに
思える。SDでは、強引さはあるものの、あえて「答え」を出すこ
とを試みる。答えを作ることによって、ある種の安心感を得られ
た。今回大人数でやったことにはかなり意味があったと感じる。
自分の考えの堂々巡りを打破でき、さらに答えを導き出すまでの
議論で深く思い悩んだ過程をみんなで共有することで、答えを作
った際の安心感も増幅した。

第4章　歴史と今日の展開

ソクラティク・ダイアローグは、レオナルト・ネルゾン（Leonard Nelson, 1882-1927）というドイツの哲学者が行っていた哲学教育の方法に由来する。第二次世界大戦後、彼の弟子であったグスタフ・ヘックマン（Gustav Heckmann, 1898-1996）がその方法を改良し、今日のような形になった。さらに1990年代頃から、学校教育のみならず市民教育や企業研修の方法として、ドイツを中心に主にイギリスやオランダに広がり、それぞれの国の推進団体が活動している。哲学に由来するワークショップというのは、おそらく他に例がない。しかもその方法が哲学以外の領域にまで広がり、活用されている。

どのような考え方、どのような経緯でSDが続けられてきたのか、またそれが今日にまで至っているのか。この章では、SDの思想的・歴史的な背景と今日までの展開を見る。加えて、今日の展開の例として数学SDも紹介する。

4-1　レオナルト・ネルゾン

ネルゾンは、いわゆる新カント学派に属する哲学者で、ドイ

第 4 章　歴史と今日の展開

ツ観念論全盛の時代に現れたカント主義者フリース（Jacob Friedrich Fries, 1773-1843）を信奉したことから、新フリース学派の創始者とも言われる。フリースはドイツ哲学の中では傍流であった。後にフリースの「心理主義」が著名な新カント学派の人々から批判されたこともあり、ネルゾンは哲学史の中で大きく取り扱われることはない[1]。大学での経歴も華々しいとは言えなかった。ネルゾンがフリースに関する学位論文を書いたのは、1904年ゲッティンゲン大学においてであった。この時期、同大学には現象学で有名になりつつあったフッサールが赴任してきており、他流派の研究者が容易にポストを得られる状況ではなかった。1909年に教授資格を取得したが、私講師の身分が長く続き、ようやく員外教授になったのはフッサールがゲッティンゲンを去った後の1919年であった。それから10年も経たない1927年、45年の短い生涯を閉じる。病死であった。

　ネルゾンが関心を持ち続けたのは、哲学の教育であった。また、哲学的ないし倫理的な教育を通して社会を改革することであった。後で触れるように、ネルゾンは社会主義者として旺盛な政治活動を展開し、むしろそちらの方で名が知られている。哲学教育と政治、その具体的な方策をカント主義的な精神に基づいて考え実行すること。講壇哲学が主流をなした新カント学派の中では、この点で極めて特異な道筋を示した哲学者である。

---

1 ）　速川治郎（1986）：フリースと心理主義（一）」『早稲田人文自然科学研究』第 30 号 p. 1-20 参照。

ソクラテス的方法[2]

　哲学教育については、1922年にゲッティンゲン教育協会の招きで行われた講演「ソクラテス的方法」が、文書として読めるほとんど唯一の資料である。そこでネルゾンは、大学で行っている哲学の演習の方法や考え方を一般に紹介した。これはネルゾン全集第1巻にも収められており[3]、ソクラティク・ダイアローグの古典と見なされているものである。以下では、その骨子を追うことにしよう[4]。

　まずネルゾンは言う。ソクラテス的方法とは、哲学ではなく「哲学することを教える」技法であり、哲学に関する授業ではなく「生徒を哲学するようにさせる」技法である。方法というからには、問題を解決する道筋が遍く妥当するかたちで示されていなければならない。数学には「演繹」という方法がある。自然科学には、事実を観察し、それらを「帰納」的に結論づけるという方法が確立されている。しかし哲学には、こうした方法がない。確かにさまざまな方法が提示されてはいるが、それらは個人的な見解、あるいは歴史的な評価という形でしか示され

2 ）　英語 Socratic Method でサイトをたぐると、主にアメリカのロースクールでこの名称を用いた事例検討による教授法が紹介されている場合があり、日本語で「ソクラテス的問答法」といった訳も見られる。これは本書で紹介しているSD とはまったく異なる起源・方法に基づくと思われる。

3 ）　文献案内 Leonard Nelson（1970）。また Dieter Brinbacher, Dieter Krohn（Hrsg. 2002）: *Das sokratische Gespräch*, S. 21-72. および英訳 Rene Saran, Babara Neisser（Eds. 2004）: *Enquring Minds: Socratic Dialogue in Education*, Chapter 13: The Socratic Method, An Introduction to the Essay of Nelson, by Fernando Leal, p. 121-165 参照。

4 ）　同じくこのテキストを解説した文章として、寺田俊郎（2001b）や太田明（2013）でもネルゾンの方法や政治的背景などが解説されている。

第4章　歴史と今日の展開

ていないのが現状である。こうした現状を前にして、今一度「哲学的方法」について考えてみなければならない。

　哲学的方法が目指すのは「原理へと遡る」作業を安全・確実にすることである。哲学は、単なる論理規則ではない。それ以上のものに関する知の営みであるが、新たな知を創造するわけではない。むしろ、科学的知であれ日常生活上の経験であれ、人々が当たり前のように下している「判断」をめぐる知である。それゆえ、個々の具体的な「判断」を批判的に吟味し、そこに潜む原理へと遡ることだけが重要になる。個々の判断にまつわる偶然的な事実を捨象し、明瞭にはなっていなかった原理を明瞭にすること。ネルゾンはこれを「溯及的抽象」と呼ぶ。また、その結果として得られるものが「考えることのみを通してクリアになる理性の普遍的諸真理」であり、そうしたものの総体が哲学であると言う。

　では「原理へと遡る」作業を、どのようにして実現するのか。それは通常の授業によっては実現できない。結果として得られた哲学的な諸真理を伝えるだけでは、単なる哲学の歴史の授業に過ぎない。そうではなく、生徒が「自分で考え、抽象の技法を自ら行う」授業が求められる。このとき模範となるのがソクラテスである。ソクラテスは、実際の対話を通して相手が自分の無知を自ら悟るように促した。さまざまな欠陥があるものの、あるいはプラトン・アリストテレスによってそれが誤って評価されたという事情があるものの、ここに「哲学することを教える」最初の姿がある。

　こうした授業を行うのは容易ではない。そこには、自発的に考えることを教える（強制する）というパラドクスが宿っている

128

からである。これは、教育それ自体が持っているパラドクスでもある。教育の目的は、理性的な自己決定である。つまり外的な影響に左右されることなく、自ら納得して判断し、行動できるようにすることである。しかし教育は、生徒に対して外的影響を行使することである。外的影響に左右されない人間を、外的影響によって育てる。これは可能なのか。ネルゾンによれば、外的影響の意味を二つに区別することで解決できるという。すなわち、単なる「外的刺激」と「外的決定の根拠」である。外的決定の根拠を教える場合、それは他人の考えを受け入れるよう強制することになる。他方、外的刺激を通して、人間精神本来の「自ら判断し行動する」という活動が呼び覚されうる。それゆえ、哲学の授業は「哲学的理解を阻む外的影響を計画的に弱め、哲学的理解を促す外的影響を計画的に強める」ことを課題とする。

　具体的には、次のような態度が教師の側に求められる。まず「教師の判断に由来するさまざまな影響は、徹底して遮断すべき」である。教師は何も教えない。答えはもちろん、どのような哲学的問題があるのかも教えない。ただ生徒たちに「問い」を発するよう求めるだけである。問いが出なければ、出てくるまで待つ。問いが明確でなかったり混乱していたりする場合は、「誰か今の発言が理解できるか」「それはどういう意味か」などと質問し、問いを明確にするよう促す。いずれにしても、生徒が自らの問いを自ら定式化する努力と過程、これを教師は省いてはならない。

　授業では、一つの「我々の問い」を検討する。さまざまな答えが出されるが、教師は一切の論評を控える。ただ「この答え

は問いとどう関係するのか」「どこに重点があるのか」「今はど
の問いを検討しているのか」といった質問のかたちで、議論を
明確にするよう求める。こうしていくと、たいていの場合、議
論は錯綜し、生徒たちは何をしているのか、どこに議論が進ん
でいるのかわからなくなる。生徒たちは、何かを明らかにする
能力を奪われたかのように感じ、困惑し落胆する。しかし教師
は、生徒たちのこうした試練に立ち向かわせる勇気をもたなけ
ればならない。この試練なしに、自ら考える力とその限界、そ
して「理性の自己信頼」を生徒たちに教えることはできないか
らである。最終的な「答え」は出なくてもよい。重要なのは、
この試練を経験することである。

　問いを検討する作業において、頼りになるのは「具体的な判
断」だけである。教師は、議論が錯綜する中で、絶えず元の「問
い」と具体的な事例に戻ることを求め、生徒たちがたどってき
た道を見直し、誤解や混乱の原因を精査するよう促す。ネルゾ
ンは、日常から離れた例を持ち出して議論する哲学者たちを非
難する。それよりも、判断力を具体的な場面に適用し、いわば
自分自身の論理学を作り、それによって「原理に遡る」能力を
身につけることが大切であると強調する。確かに批判や疑問は
ありうる。問いの定式化に時間がかかりすぎる。具体事例や常
識だけで、哲学的な問題を掘り下げることができるのか。抽象
的な概念を教えなければ、高度な議論は不可能なのではないか。
しかしネルゾンは、こうした批判・疑問の背後には「独断的方
法」が潜んでいるという。つまり、事柄の結果を受容する（さ
せる）だけでよしとする態度である。それは、事柄を批判的に
吟味しつつ、その原理や原因に自ら到達しよう（また到達させ

よう）とする態度を、どこかで放棄している。ソクラテス的方法は、まさしくその弊害を暴露する哲学教育として、限りない有効性を持っている。

ところで、このような授業において生徒たちに求められるのは何か。まずは、自分の考えを明瞭な言葉で、あるいは社会に通用する言葉で、他の人に伝えることである。専門用語は、不要であるどころか有害である。普通に理解できる言葉で議論することで、専門用語に潜む恣意的な定義や誤りを批判することが可能になる。また、自分の感情を抑え、それを克服することも求められる。そうした中で、一人で反省するよりも容易に、哲学的な真理に到達することができる。しかし何よりも、生徒には「意志の強さ」が求められる。哲学に必要なのは「精神の才能」（頭の良さ）ではない。問いを手放さず、具体的な経験に基づいて考え抜く固い意志。これがなければ「哲学する」ことはできない。これがなければ、教師も生徒に「哲学することを教える」ことはできない。

講演の最後で、ネルゾンは数学教育についても触れている。直観と論理規則、それを正確に演繹するための注意力、これを示すだけで数学は教育できるはずである。ところが実際の教育では、教師の無知などもあり、そうはなっていない。また、高度な数学（例として挙げられているのは微積分）を理解する場合、専門家の間でも論争は絶えない。ここでもやはり「独断的方法」による障害がある。それゆえ、数学でさえもソクラテス的方法で教える必要がある。自力で「原理へと遡る」ための教育、その可能性を追い求めるネルゾンの熱意が、ここにも見て取れる。

第 4 章　歴史と今日の展開

　以上が「ソクラテス的方法」の概略である。SD のルールにあった「本で読んだ知識や他人からの受け売りではなく自分の考えを述べる」や、具体的な「例」に基づいた議論、また進行役の「対話の内容にはコミットしない」という態度などが、すでにここに明確に示されているのがわかる。

哲学と政治の統合

　哲学教育を実践する一方、ネルゾンは政治的指導者としても活動した。第一次世界大戦中の 1917 年、後にユネスコ委員となる教育者ミンナ・シュペヒト（Minna Specht, 1879-1961）とともに、国際社会主義青年同盟（Internationaler sozialistischer Jugendbund、1919 年以降は国際青年同盟 Internationaler Jugendbund）を結成、独自な社会主義の立場から政治的指導者を養成しようとした。世界大戦とその後のワイマール共和制時代、社会的・政治的な混乱の中、人格の平等と自発的な理性的決定能力の尊重を主軸とする社会主義を唱えた。唯物史観に立ったマルクス主義でも、議会制民主主義を認める修正社会主義でもなく、道徳教育に基礎づけられた社会主義、その意味で哲学と政治の統合を目指すものであった。この考えは、後に「倫理的社会主義」とも呼ばれるようになり、第二次世界大戦後におけるドイツ社会民主党の綱領作成にも一定の役割を担ったと言われる[5]。

　青年同盟は、カントの「わが義務をなせ」という行動指針を

5）　ネルゾンの政治活動とその役割については、安野正明（1998）：戦後ドイツ社会民主党における「倫理的社会主義」と「自由な社会主義」、『広島大学総合科学部紀要 II 社会文化研究』第 24 巻 p. 65-112 参照。

モットーに、非常に厳しい加入条件と教育を実施したことで知られる。家族との繋がりや個人的願望を放棄すること、教会からの脱退、動物の生存権を尊重した菜食生活、理性の行使を損なわないための禁酒、などである。さらにネルゾンは、青年同盟の「精神的な基礎付け」を担う機関として、1922年に政治哲学アカデミー（PPA: Philosophisch-Politische Akademie）を、また翌年には、若者や子供の教育を行うヴァルケミューレ寄宿学校（Landerziehungsheim Walkemühle）を設立した。ここでもソクラテス的方法による哲学教育がなされた。大学での演習とは異なり、一週間通してこの方法による対話が行われたと言われる。

　こうした活動を通して、ネルゾンは自らの哲学的・政治的理想を求めた。政治的な方針として、反戦主義はもちろん、反教会主義・反議会制主義といった過激な政策を主張した。それは一種の排他的エリート主義ではあったが、保守派やマルクス主義から共和制を擁護するという意味で、社会民主党の中で一定の勢力を有していた。しかし1926年、キリスト教会（特にカトリック教会）政策に対する主張の違いから社会民主党と決裂、青年同盟は独立の政党「国際社会主義闘争同盟」（ISK: Internationaler Sozialistischer Kampfbund）となる。その後、ネルゾンが死去したこともあり、党員は減少したが、台頭しつつあったナチズムに対する反対闘争の一翼を担ったと言われる。

　1933年、ナチスのヒトラーが政権を掌握するのに伴い、ISKやその関係団体は活動停止となる。哲学教育や政治においてネルゾンを信奉していた弟子たちも、亡命を余儀なくされる。その中には、先に触れたミンナ・シュペヒト、ネルゾンの後ISKを指導していたヴィリ・アイヒラー（Willi Eichler, 1896-1971）、そ

第 4 章　歴史と今日の展開

してグスタフ・ヘックマンがいた。彼／彼女らは、それぞれフランスやデンマーク、また英国などでの亡命生活を経た後に、戦後ドイツに帰還、政治家や教育者として活躍した。また、解散した PPA も 1949 年に再設立される。戦後の PPA は、社会民主党の支援を受けながらも直接には政治には関わらず、主にネルゾンの学問的な業績を編纂・出版する組織として活動している。同時にソクラティク・ダイアローグを定期的に開催する団体ともなる。

4-2　グスタフ・ヘックマン

　ヘックマンは、ゲッティゲン大学で数学、物理学、哲学などを学んだ後、1924 年に量子力学で有名な物理学者マックス・ボルン（Max Born, 1882-1970）の下で学位を取得、1927 年からはヴァルケミューレ寄宿学校の教師としてネルゾンの哲学教育を実践した。学校の解散により 1933 年にデンマーク、1938 年には英国に亡命、戦後の 1946 年にはドイツに帰り、ハノーバー教育大学教授として教育学と哲学を教えた。彼は、大学のみならず学校や市民教育の場で「ソクラテス的方法」を用いた対話を広く行い、その方法論を検討するサークルを主導した。今日の「ソクラティク・ダイアローグ」（ドイツ語で Das Sokratische Gespräch）という名称もこのとき生まれた。

　ネルゾンが構想したのは、哲学することを教える授業の方法であった。これに対してヘックマンは、参加者間の「対話を導く方法」に焦点を移したと言える。基本的な考え方は変わらな

4-2　グスタフ・ヘックマン

いが、こうした焦点の移動が名称の変化にも反映されているの
であろう。以下では、ヘックマンが定義した「ソクラテス的対
話」と進行役における「教育上の方策」を紹介した上で、ネル
ゾンの方法に加えられた改良点について整理する。

対話と教育上の方策

　ヘックマンは、1981年に「ソクラテス的対話：大学での哲学
的演習の経験」という本を出版している[6]。そこで「ソクラテス
的方法」に関して、次のように定義している。

　　最も広い意味でのソクラテス的方法は、常に次のような時と場
　所で適用される。すなわち、人々が諸理由について共同して検討
　し、それを通して一つの問いにおける真理に近づこうとする時と
　場所である。この努力は、対話が行われるその時と場所の中で、繰
　り返し現れる。私は、この対話をソクラテス的と呼びたい。それ
　は、単に散発的に起こるのではなく、一貫して対話を規定するも
　のである。つまり、諸理由についての共同的な検討が一貫して行
　われる対話である。[7]

　ネルゾンの方法が、ここで「対話」あるいは「共同的な検討」
という言葉によって言い直されている。さらにヘックマンは対

---

6)　文献案内 Gustav Heckmann（1993）。また *Das sokratische Gspräch*（2002），S.
　73-91、英訳 *Enquring Minds: Socratic Dialogue in Education*（2004），Chapter 12:
　Six Pedagogical Measures and Socratic Facilitation, p. 107-125 参照。
7)　Gustav Heckmann（1993）S. 13 参照。

第4章　歴史と今日の展開

話における「問い」を限定する。すなわち、次のような方法によって答えが得られる（答えを得ようとする）「問い」は、ソクラテス的対話では扱わない。

- ■実験室での実験や自然の観察あるいは測定
- ■社会科学で行われるような経験的調査
- ■歴史的研究
- ■個人の心的問題を解明するための精神分析的方法

こうした限定はもちろん、どのような参加者でも扱える「具体的な経験」を基にして、そこに潜む「諸理由について共同して検討」するためである。このような問いは、分野で言えば「数学、最も広い意味での哲学（科学哲学を含む）、政治と教育に関する根本問題」に関わるものであると言う[8]。ネルゾンは「哲学的問い」を数学・自然科学と対比させたが、ここでヘックマンは、社会科学や歴史学も視野に入れて「問い」を限定している。興味深いのは、ソクラテス的対話の問いが、心理学や精神療法（的な問い）とも区別されている点である。ソクラテス的対話の問いは、確かに「個人の経験」を語る／聴くことに基づく。しかしそれは、判断の「諸理由」を検討するためであって、心的メカニズムの解明や治療を目的とするのではない。いずれにしても、ここには時代の移り変わりといったものが見て取れる。

また、ヘックマンは「対話の導き手＝進行役」に関する「教育上の方策」を6点に整理している。以下はその要約である。[9]

8）　上記「問い」の4つの限定を含め Gustav Heckmann（1993）S. 15 参照。

9）　Gustav Heckmann（1993）S. 104 および *Das sokratische Gspräch*（2002）S.

1. 対話の導き手は、対話の内容に関して自分の判断を控え、最初から参加者自身の判断を頼りに対話を進めるよう指示しなければならない。導き手が自分の論拠などを表明すると、参加者はどうしてもそれに合わせようとし、自分たちの思考を止めてしまうからである。

2. 対話の導き手は、参加者が具体的な経験に基づいた対話を行っているか、常に注意していなければならない。抽象的な考えが表明された場合は、具体例を出すよう参加者に求める。参加者が現実に体験した事柄、また自信をもって対話に持ち込める事柄を探究することが、実りある対話の条件となる。

3. 対話の導き手は、参加者が相互に本当に理解し合っているか、常に注意していなければならない。ここで参加者は、「自分の考えを表明すること」と「他の参加者の考えを理解すること」という、二重の努力をすることになる。

4. 対話の導き手は、参加者が目下の「問い」をめぐって議論しているかどうか、注意していなければならない。関連した別の「問い」に移る場合は、それまでの「問い」が参加者の間で十分に議論されたかどうか確認するよう参加者に求める。

5. 対話の中で一定の合意が達成されたとしても、それは暫定的な性格を持つに過ぎない。ソクラテス的対話は「誤りのない真理」を

74-80 参照。

第 4 章　歴史と今日の展開

前提にしているのではなく、参加者の間で「差し当たって疑念の
ない」言明を得ることである。

6. 対話の導き手は、参加者が明確な議論の筋道を失わないよう、ま
た対話が崩壊したり無駄に終わったりしないよう、対話を統制す
る。対話が実りあるものになるための徴候や疑問に気づき、それ
を利用することは、非常に高度な要求である。そのためにも対話
の導き手は、自らの哲学的な洞察と、そこに至るために苦労した
経験を持っていなければならない。

改良点

　このように、ヘックマンはソクラテス的方法を「対話」と「対
話の導き手＝進行役」の方法論として展開した。また、この方
法論について仲間や弟子たちと議論を積み重ね、ソクラティク・
ダイアローグとして、より使い易いものに改良していったと言
える。その中で特筆すべきものは、次の二点である。

　第一に、対話が目指すものとしての「真理」の考え方に関す
る変更が挙げられる。上の「教育上の方策」の 5 番目にも示さ
れているように、対話を通して得られるものは「差し当たって
疑念のない」言明に過ぎない。これは、ネルゾンの「理性の普
遍的諸真理」を明らかにするという考えとは、明らかに異なる。
ヘックマンにとって真理とは、絶対的に妥当する認識のことで
はない。そうではなく、検証可能な正／誤に関わる基準を用い

て「参加者が納得を得る」[10] ことである。また検証方法や基準には、さまざまに異なるものがあると考えている[11]。かつて物理学で学位を取った者らしく、ヘックマンの真理観は「検証可能性」に基礎を置いている。それが哲学（的対話）においても適用されていると言える。

この変更は、実際の対話が何を目指すべきか・何をもって対話の到達と見なすべきかを考えるとき、大きな実効性・有効性をもつ。ネルゾンに基づくとすれば、真理は「普遍的」であって、理性を持つ万人に妥当するはずであるから、そこに到達したかどうかの判定は「自ずと明らか」であるとしか言いようのない。それは個人の判断基準に依存する。これに対して、少なくとも参加者の間で議論を尽くし、意見の違いや不明な点なども確認した上で、その限りで「疑念のない」言明が得られたとすれば、それがヘックマンの言う真理となりうる。この場合、判断基準はグループに依存する。それを「差し当たって」の到達点として、つまりさらなる探究の可能性に開かれていることを前提にした上で、対話に終止符を打つことができる。SD の意義が結果にではなく「過程」にあるからこそ、こうした「対話

---

10) PPA/GSP ホームページ（http://www.philosophisch-politische-akademie.de）の「ソクラティク・ダイアローグとは何か」で引用されているヘックマンの言葉。参考のために全文をここで訳しておく。「（ソクラテス的対話の）目的は、参加者の納得（Einsichten）を得ること、つまり固有の精神において納得を見出すことである。納得とは、感覚器官を介した認知や他者を介した知識とは別の何かである。誰もが、ただ固有の精神において反省する中で、納得を見つけることができる。それを本質的な意味で助けることができるのは、互いに対して権威を持たないパートナー間での対話である」。

11) ヘックマンの真理観については、Wolfgang Klafki: Heckmanns Beitrag zur Weiterentwicklung des sokratischen Gesprächs（*Das sokratische Gspräch*（2002）S. 92-105 所収）とりわけ S. 99-100 参照。

第 4 章　歴史と今日の展開

の到達点」に関する考え方の変更が可能になったと言える。

　第二は「メタ・ダイアローグ」の導入である。ネルゾンにこの発想はなかった。確かに対話の紆余曲折の中で、ネルゾンの時代にもこのような「対話についての対話」が生じていたかもしれない。しかし、コンテント・ダイアローグ（内容についての対話）と明確に区別されたのはヘックマン以降である。ヘックマンによれば、彼自身がこうした対話のタイプを見出したわけでも、また「メタ・ダイアローグ」という言葉を発明したわけでもない。それは、ソクラティク・ダイアローグを何度も行う中で、参加者とともに見出された。すでに 1960 年代の終わり頃、ヘックマンはこのタイプの対話の意義を十分に自覚し、それをソクラテス的対話の方法の一つとして位置づけていた。[12]

　この他、黒板やフリップチャートに「言明」を書き出し、すべての参加者に対して議論が見えるように工夫したことも、ヘックマンの「ネルゾンの方法に加えられた重要な改革」として挙げる者もいる[13]。ただし、これはネルゾンが板書を利用しなかったということではない。ネルゾンも、例えば「互いに矛盾する言明を書き出すことで、そこに潜む誤った前提に注意を向けさせる」ことを行っていた。ヘックマンによれば、板書による言明の定式化は、教育上の方策の中の 6 番目、つまり「対話の統制」に関する手段として「大きな助け」となるものであるが、新たな教育上の方策ではないという[14]。しかしヘックマンの「重

---

12)　*Das sokratische Gspräch*（2002）S. 94-95 参照。

13)　Fernando Leal: Literature Survey on Socratic Dialogue（*Enquring Minds: Socratic Dialogue in Education*（2004），Appendix 3: p. 176-177 所収）参照。

14)　*Das sokratische Gspräch*（2002）S. 80-81 参照。

要な改革」とは、おそらく次のようなことであろうと思われる。すなわち参加者の重要な発言を、丁寧に言明の形にして書き出し、それを対話の統制手段、あるいは「参加者自身の判断形成の統制」手段と見なして活用した。これは、単なる板書の利用という言い方では収まり切らない、対話方法論上の重要な視点であり工夫である。

いずれにしても、ヘックマンはこうした改良を、長い時間をかけ（1960-1980年代）、対話の参加者とともに続けた。この間、ヘックマンの導く対話に共鳴した多くの参加者、またこの対話の方法論を実行する進行役が生まれた。こうした人たちが、今日の「ソクラティク・ダイアローグ」の主要な担い手となって、さらに新たな展開を進めることになる。

4-3　今日の展開

推進団体と国際会議

1994年、ドイツで「ソクラテス的に哲学するための協会」（GSP: Gesellschaft für Sokratisches Philosophieren）が設立された。この組織は、主にヘックマンの下で訓練を受けた SD の進行役が集まり、SD の実施、方法論の発展、進行役の養成などを目的に活動を始めた団体である。すでに触れた PPA と連携し、二つの組織が協力し合って SD を推進している。毎年3～4回、いくつかの都市で「ソクラテス週間」を開催し、一般市民を参加者とした SD を実施している。どの程度の規模・どのようなテーマで行われているのか、参考のために 2015年の年間プログラム

第4章　歴史と今日の展開

を見てみる[15]。記してあるのはSDのテーマである。プログラムでは、SDの他に対話や政治について議論する「〜の夕べ」という時間なども設けられているので、それも加えておく。

2月13〜16日、ヴュルツブルク
- ■愛とは何か
- ■私が何かを理解したと私が知りうるのは、どのようにしてか
- ■サクセスフルな人生を生きるとは、何を意味するのか（英語）
- ■数学SD
- ■政治の夕べ：風刺は「失礼」、それが許されるのはどの程度までか

3月28〜4月2日、ハノーバー
- ■「ノーマリティー」：わたしたちは生活の中で、それに応じるべきか
- ■私の心の変化は、どのような条件の下で私の生活を変えるのか（英語）
- ■数学SD
- ■「理解」と「説明」の違いは、どこにあるのか
- ■ソクラテスの夕べ：対話における「問い」
- ■政治の夕べ：民主主義的な決定プロセスにおける合意原則、それはソクラテス的方法の合意原則とどのように違うのか

8月1〜6日、ハノーバー
- ■よいコミュニティーとは何か（英語）
- ■数学SD

---

15)　PPA/GSPホームページ http://www.philosophisch-politische-akademie.de/（2015年12月閲覧）参照。

142

4-3　今日の展開

- よい出会いとは何か
- いつ私は「もうやめて！」と言うのか

10 月 9 ～ 11 日、ミュンスター
- 憎むとは、どういうことか
- いつ人は健康であるのか、いつ人は病気であるのか
- 同情とは何か（英語）
- 数学 SD

　ソクラテス週間は、たいてい金曜日の夕方に始まり日曜日の昼頃終わる（連休などの場合はもう一日長い）。また、英語で行われる SD と数学 SD が必ず入っている（数学 SD については次の節で紹介する）。対話についてはともかく、政治の議論が設けられているのは、PPA が社会民主党との関係で民主主義教育にも力を入れているからであろう。

　英国には、PPA/GSP とちょうど姉妹関係にあたる団体「批判哲学推進協会」（SFCP: Society for the Furtherance of the Critical Philosophy）がある。SFCP の設立は、第二次世界大戦中の 1940 年にさかのぼる。ネルゾンの弟子たちが亡命していた頃、彼／彼女らの教育活動を支援するかたちで発足した。名称が「批判哲学」となっているのは、カント（およびネルゾン）の思想に因むからである。戦後は PPA と連携しつつ「中学・高校生、数学教師、教育管理者、さまざまな職業的背景を持つ人々に対するソクラティク・セミナーの実施」「教育者に対するソクラテス的方法の学習・教育の導入」「新たな SD 進行役の養成」などを行ってい

143

第 4 章　歴史と今日の展開

る[16]。ドイツの団体と少し異なるのは、SFCP が特に「学校教育
者の養成」に焦点を当てている点である。また、通常は 3 日かけて行われる「週末 SD」の他に、「半日 SD」や「一日 SD」など、新たなかたちでの SD を試行している。おそらく「ソクラティク・セミナー」と名付けられているのは、そのためであると思われる。

　オランダに SD が導入されたのは 1980 年頃だと言われている。詳細は定かではないが、最初何人かがドイツで SD を体験し、それを自国に持ち込んで広がったということらしい。また、ドイツや英国のように、何らかの公的な組織を立ち上げているわけでもない。ただ、SD の進行役を実践する人たちが「ソクラテス的進行役のオランダネットワーク」（Dutch Network of Socratic Facilitators）という仕方で連絡を取り合い、情報交換や SD 進行役のスキルアップなどを図っている。ネットワークに登録している進行役の人数は、2004 年時点で約 25 人である[17]。オランダの特徴は、SD を企業コンサルティングに用い、大きな成功を収めているという点である。これはドイツや英国にはなかったものであり、SD の新しい可能性を開くものであると言える。

　さて、こうした SD の広がりを受けて、1996 年にソクラティク・ダイアローグに関する最初の国際会議が開催された。主催したのは PPA/GSP と SFCP である。また、二回目以降からは Dutch Network も加わり、この三つの推進団体によって国際会議

---

16)　SFCP ホームページ（http://sfcp.org.uk）参照。

17)　*Enquring Minds: Socratic Dialogue in Education*（2004）Appendix 1: Organisations Offering Socratic Activities, p. 167-170. 参照。ここには PPA/GSP、SFCP、Dutch Network of Socratic Facilitators の 3 団体に関する簡単な設立経緯や連絡先などが記されている。

4-3 今日の展開

が続けられることになる。開催年、テーマ・場所などは次の通りである。

- ■第1回（1996）：批判哲学、Hilcroft College（英国）
- ■第2回（1998）：オランダの経験、Leusden（オランダ）
- ■第3回（2000）：ソクラティク・ダイアローグと倫理、Loccum（ドイツ）
- ■第4回（2002）：市民社会における倫理とソクラティク・ダイアローグ、Birmingham（英国）
- ■第5回（2005）：対話の挑戦、Berlin-Wannsee（ドイツ）
- ■第6回（2009）：現代世界における共生：理性と対話の役割、University of Chichester（英国）

　私は第3回以降のすべての会議に参加しているが、毎回活気に溢れたものになっている。おおよそ100人前後の参加者で、ドイツ・英国・オランダのみならず、他のヨーロッパ各国、トルコ、アメリカ、メキシコ、オーストラリア、日本などからの参加者もいる。会議期間は一週間（例年7～8月の6日間）で、大きく二つのパートに分けられるのが普通である。最初の2日半では、いくつかのテーマとグループでSDが行われる。会議の参加者は、示されたテーマと進行役を見ながら、どこかのグループに入る。後半は、参加者が一堂に集う講演の他、SDに関するレクチャー、方法論のワークショップ、各方面での実践報告の発表、ポスター発表などが並列して行われる。
　推進団体の活動と国際会議の開催は、SDという哲学対話の形式を、より多くの人々や地域に知らしめ、普及させることにな

第4章 歴史と今日の展開

った。また、特にオランダでの成功を契機にして、SDの幅広い活用と応用、その方法や実践に関するさまざまな議論が生じることにもなった。この意味でネルゾンの考案とヘックマンの改良に続く、SDの新たな展開を示している。

多様性の中で

　多様な人々が関わるほど、SDも多様に展開される。これまでとは異なる文脈（例えば企業コンサルティング）で、異なる形のSDが工夫され使われる。またそこで、SDの「本来の」目的は何か、どのような要素と条件を持つべきなのか、どれほどの効果を持ちうるのか、どこまで変形が許されるのか、といった議論も展開され、異なる考え方や立場が現れる。

　まず、従来のネルゾン＝ヘックマン流のSDを「スタンダード」と見なし、その他の変形や誤った使い方から区別しようとする立場がある。それは次のような考え方を示す。SDの基本理念・目的は「共同で真理に近づく」ことである。それゆえ、例えば「組織における意思決定の改善」や「よいチームワーク作り」のために行われるSDとは、区別しなければならない。あるいは、特殊な目的に合わせてSDを変形したり、時間の関係でSDの一部を省略したりすることも、ここに含まれる。それは、本来の意味でのSDとは呼べず「ソクラテス的に方向づけられた対話 Socratic-Oriented Dialogue」と呼ぶのが相応しい。もちろん、こうした対話形式や目的を否定するわけではない。むしろ一定の効果や成果をもたらすものとして認め、積極的に工夫すべきである。また「疑似ソクラティク・ダイアローグ Para-

Socratic Dialogue」というものも想定される。つまり「SD の実践教育や哲学的由来に関する知識を十分に持たない」進行役の下で行われる対話である。これは SD の「誤った使用」として、上の二つと区別される。疑似 SD を防ぐには、あらためて「本来の意味での SD を明確に定義する・進行役の倫理規程に関する合意を形成する・SD を特許によって保護する」といったことが必要であると主張される。[18]

　他方、こうした区別は「幻想」であると考える立場がある。それによれば、ソクラテス的方法が「真理は具体的な文脈の中でしか教えることができない」とする限り、それがどのような文脈であっても、つまり「教育的文脈、政治的文脈、日常生活の環境」において、いずれも適用可能である。企業組織もそれらの多くの文脈の一つであり、「非常に重要なものの一つ」である。実際、企業組織で行われる SD は、人々が「自分たち自身の目的や課題（真の関心）を明確する」助けとなっており、その力を持っている。ソクラテス的方法を実践するにあたって「スタンダード」はない。あるのは、従来の SD が特定の（教育的ないし政治的）文脈を優先してきたということであり、その中でのスタンダードに過ぎない。SD で「標準的」とされている現在の形式も、ネルゾンの時代にはなかったものであり、ヘックマンらが変更を加えてきた産物である。それを変えてはならないという根拠はどこにもない、特許も必要ないと主張する。[19]

18) Horst Gronke: Socratic Dialogue or Para-Socratic Dialogue? Socratic-Oriented Dailogue as the Third Way of a Responsible Consulting and Counselling Practice （文献案内 "Sokratisches Philosophieren", Bd. 9（2005）p. 24-35所収）に基づく。
19) こちらは Erik Boers: On Our Duty to Use the Socratic Dialogue in Business Organizations（"Sokratisches Philosophieren", Bd. 9（2005）p. 15-23 所収）に基

第 4 章 歴史と今日の展開

　ここでは、ソクラテス的方法を特徴づける「真理」という同じ言葉を用いながら、それにもかかわらず異なる二つの立場を対照させた。両者は、SD の変形を積極的に認めるという点でも共通する。おそらくこの間に、さまざまな立場や考え方が存在するであろう。あるいは、SD の変形に消極的な立場や、逆に「真理」概念そのものを破棄するような態度があるかもしれない。いずれにしても、こうしたことが熱心に議論されること自体、SD の成果や効果が実際にあり、実践する意味を見出していることの現れである。

　ところで、上に紹介した SD の国際会議が、2009 年の第 6 回で途切れていることに疑問を持った読者もいるのではないだろうか。事実、これを最後に現在（2017 年時点）まで、国際会議は開催されていない。詳しい事情はわからないが、一般的には次のような背景があると考えられる。すなわち、従来の推進団体を中心にして、SD に特化した国際会議を開催し続ける意味と必要性が、全体として薄れてきている。これに替わる傾向と言えるのだろうか、2000 年前後から、上記の SD 推進団体とは別にさまざまなグループが誕生している。オランダでは、砂時計モデルの提案で有名なケッセルスが、数人の進行役経験者とともに「The New Trivium」[20]（新自由三科）という組織を立ち上げた。ドイツでは「Kopfwerk-Berlin」[21] というグループがある。英国で

づく。

20)　http://www.hetnieuwetrivium.nl　SFCP のホームページからもリンクが張られている。

21)　ホームページ等は見当たらず、現在の活動状況は不明。ただ次のような SD の方法論に関する文章を作成しており、和訳もされている。Kopfwerk Berlin: The Methodology of Socratic Dialogue: Regressive Abstraction: How to ask for and

は「Socratic Dialogue and Facilitation Group」[22] や「Society for Philosophy in Practice」[23] といったグループが、ネット上で確認される。日本では「カフェフィロ」[24] が活動している。これらのグループは、SD だけではなく他の方法（例えば哲学カウンセリング、哲学カフェ、子ども哲学など）も取り入れ、さまざまな形の「対話」を工夫・提供しようとする点で、共通の特徴を持っている。多様性の中で、SD の位置づけや実践の仕方も変わりつつある。そうした模索が展開されていると言える。

　最後に「ネオソクラティク・ダイアローグ NSD: Neo-Socratic Dialogue」という名称に触れておこう。この名称は、1995 年に出版されたドイツ語の文献に初めて現れたもので[25]、その後特にドイツの若い人たちが好んで使用するようになった。ヨーロッパで「ソクラテスの対話」と言えば、どうしてもプラトンの著作を示すことになる。それとネルゾン＝ヘックマンの開発した対話法とを区別する意味で、「ネオ」を付けたということらしい。それゆえ、本書で紹介している「ソクラティク・ダイアローグ」と同じものである。英語圏で「NSD」という表記は一般化していない。ただし、次のような用例があって興味深い。SD に関する英語の文献で、オランダのグループ（Dutch Network）を紹介する段になって、突如「Neo-Socratic Dialogue」という言

---

　　find philosophical Knowledge（"Sokratisches Philosophieren", Bd. 9（2005）p. 88-111 所収、樫原直樹・川上展代訳（2006）：ソクラティク・ダイアローグの方法論：遡及的抽象 ... どのように哲学的知識を求め、見出すのか『臨床哲学』第 7 号 p.77-104）

22)　http://www.meetup.com/Socratic-Dialogue-and-Facilitation-Group/

23)　http://www.society-for-philosophy-in-practice.org

24)　http://www.cafephilo.jp

25)　文献案内 Rainer Loska（1995）参照。

第4章 歴史と今日の展開

葉が使われているのである[26]。つまり、プラトンの著作との区別だけではなく、1990年代からオランダを中心に始まったSDの「新しい」展開を、NSDという名称は含意しているようにも思える。

4-4 数学SD

数学はSDが発案されたときから深い関係にある。ネルゾンは「ソクラテス的方法」によって数学を教えることができると考えていた。ヘックマンもSDが扱えるテーマの中に数学を入れていた。実際、物理学が専門であったヘックマンは、数学の問題をテーマにしたSDも行っていたようである。また、今日PPA/GSPの主催する「ソクラテス週間」でも、必ず数学SDが組み込まれている。では、どのような「問い」で、どのように数学SDが行われているのだろうか。以下では、一つの論文を手がかりにして[27]、私の理解できる範囲で数学SDを紹介することにしよう。

数学SDでも、進行役は答えを言わないし、その解き方に関してヒントを与えるようなことも一切しない。すべては参加者の「対話」を通してのみ探究される。参加者の人数や使用時間は一般的なSDとほぼ同じであるが、参加者からの具体的な経験を「例」として提示・詳述することはない。テーマ（問題）は、SDが行われる直前に進行役によって示される。数学SDの

---

26) *Enquring Minds: Socratic Dialogue in Education*（2004）Appendix 1: Organisations Offering Socratic Activities, p. 169.

27) 文献案内 Hartmut Spiegel（1989）参照。

代表的なテーマとして、論文の著者は次のようなものを挙げている。

- 正多面体問題：全ての面が同一の多角形で構成される正多面体は、全部でいくつ存在するか。またその数が限られているのはなぜか。
- ケーニヒスベルクの橋の問題：ケーニヒスベルクに架かる七つの橋をすべて一回ずつ渡り、出発点に戻って来ることができるか。数学者オイラーが提出した有名な問題。
- 素数の性質に関する問題：5以上のすべての素数は、必ず6の倍数の隣（前か後）に存在する。それはなぜか。
- ロシア農民の掛け算の問題：掛けられる数を順に2倍していく。逆に、掛ける数を2で割っていき（割り切れない場合は切り捨てる）、それを1になるまで繰り返す。この計算結果を順番に並べ、一覧表にする。掛ける数の方の結果が奇数になるものと、順番でそれに対応する掛けられる数の結果をすべて足し合わせると、正しい答えが得られる。それはなぜか。
- 正六角形の作図問題：円に、半径の長さを一辺とした直線を順に内接させていくと、ちょうど6回で元の位置に戻ってくる。それはなぜか。

　最初の4問は大人向けの問題、最後は初等教育（小学校高学年〜中学生）における幾何の問題である。初等教育での数学SDについては、別に英文で読める実例報告がある。[28]

28）Mechthild Goldstein: 'We had to think for ourselves' – using Socratic Dialogue in mathematical Lessons in a secondary school（*Enquring Minds: Socratic Dialogue in Education*（2004）p. 71-77 所収）

第4章 歴史と今日の展開

乳搾り娘の計算

　ここでは、大人向けの数学 SD の模様を紹介する。テーマ（問題）は「乳搾り娘の計算」というもので、参加者は7名、2時間のセッションを6回行った。まずセッション1では、参加者が問題を正確に理解することに費やされた。また進行役は「探究すべき問い」を示した。問題の「乳搾り娘の計算」とは、次のような掛け算の方法である。

- 両手を使って、5以上10以下の数の掛け算の答えを出すことができる。
- 例えば「7×6」の場合、次のような方法で計算することができる。
- まず左手で、最初の数（7）から5を引いた数を示し、それを10倍する。（結果は「20」）
- 同様に、右手で二番目の数（6）から5を引いた数を示し、それを10倍する。（結果は「10」）
- 左右の手に残った指の数（3と4）を掛け算する。（結果は「12」）
- 最後に、上記の三つの数を足し算する。答えは「42」となる。

探究すべき問い：この計算方法は正しいのか。正しいとすれば、それはなぜか。

セッション2で参加者は、とりあえず、上の方法で5から10までの数すべての場合を実際に計算し、この計算方法が「正しい」と結論づけた。しかし、この計算方法をどのように理解す

るかについては、よくわからない。試行錯誤の末、ある参加者から、計算方法の「手続き」に沿って式を作ってみよう、という提案が出され、次のような式ができた。

$$7 \times 6 = (7-5) \times 10 + (6-5) \times 10 + (5-(7-5)) \times (5-(6-5)) = 42$$

　ここで「$(7-5) \times 10$」「$(6-5) \times 10$」は左右の手の手続きを、また「$(5-(7-5))$」「$(5-(6-5))$」は左右に残った指に関する出し方の手続きを、忠実に表している。セッション2はここまでで終わったが、続くセッション3では、上の式の後半部分を簡略化できるということになった。つまり、両手で残った数「$(5-(7-5))$」と「$(5-(6-5))$」について、10からそれぞれの元の数を引いた数と同じなのだから、それぞれ「$(10-7)$」「$(10-6)$」として表記できる。ここからグループは、次のステップに進む。ある参加者が「10」や「5」が一定であることに着目し、代わりに別の数を入れても計算が成り立つのではないかと考えた。つまり「10, 5」の代わりに「8, 4」としてもよいのではないか。実際、それを次のような式に表して計算して見ると、答えは変わらなかった。

$$7 \times 6 = (7-5) \times 10 + (6-5) \times 10 + (10-7) \times (10-6) = 42$$
$$= (7-4) \times 8 + (6-4) \times 8 + (8-7) \times (8-6) = 42$$

　この洞察から「10, 5」や「8, 4」を「2a, a」として一般化できること、また最初に与えられる二つの数を「x, y」とすること、さらにそこで得られた式を展開できること、などが相次い

第4章 歴史と今日の展開

で提案され、次のように表記された。

$$x \times y = (x-a) \times 2a + (y-a) \times 2a + (2a-x) \times (2a-y) ：一般化された式$$
$$= 2ax-2a^2 + 2ay-2a^2 + 4a^2-2ax-2ay + x \times y \quad ：展開された式$$

　展開された式で同じ項を消去すると、結局「x×y」が残る。つまり「乳搾り娘の計算」を一般化しても、正しい答えを出せることが理解された。しかしここで、一人の参加者から次のような疑問が出された。この計算方法によって正しい答えは出せるが、「それはなぜか」という問いに、わたしたちは十分答えられないのではないか。確かに「なぜ、この計算が正しいのか」については証明できた。しかし「なぜ、このような（奇妙な）手続きが必要なのか」ということについては、何もわかっていないのではないか。他の参加者も、「なぜか」という問いの答えとして、式による計算の正しさの証明以上の何かが期待されていることを認めた。グループは、計算の正しさについて納得したものの、この「なぜ」に対する答えをめぐって、さらに探究が必要だと感じた。

　そこでセッション4は、今一度この計算方法の手続きを吟味し直し、一般化された式から何か得られたのかどうか、得られたとすればそれは何かについて話し合う時間にあてられた。その結果、次のような新たな式が提案された。

$$x \times y = (x-5) \times 10 + (y-5) \times 10 + (10-x) \times (10-y)$$

　式を提案した参加者によれば、これは「乳搾り娘の計算」の

手続きに関する具体的な表現であるという。そして、グループは（1）すべての場合を検証し、（2）値を上げてもそれが妥当することを証明した、と主張した。しかしセッションの終わりになっても、この主張でグループが納得したとは言えなかった。セッション5では、とりあえず上記の式の「x, y」が任意の自然数にも当てはまることを確認した。また、セッション3で示された「展開された式」は、手の指を使う「乳搾り娘の計算」手続きを表していないという意味で、余計なものだという意見も出された。

　最後のセッション6でも、さらに「なぜ」の答えに関する議論が続いた。しかし時間の関係から途中で打ち切り、参加者から、このSDで何を得たのかについて発言してもらった。次のような発言が返ってきた。

■学校で習ったのは、数式を作ってそれを解く問題だけであった。SDでは、それと全く違ったことをやったと思う。数式を解くだけなら、今回の問題も1時間と経たないうちに終わっただろう。しかしそれでは、今回のSDでやったような多くの興味深い事柄に気づかないでいただろう。

■最初、「なぜ」の答えとして、その正しさが証明できればよいと思っていた。数学の問題としては、それで十分だと思っていた。けれども「なぜ」という問いは、もっと包括的なものだということがわかった。例えば、このような計算方法を人はどうして思いついたのか、といった問いを含むように。それは私にとって、大きな驚きであった。

第 4 章　歴史と今日の展開

数学のイメージを変える

　数学 SD で参加者が取り組む問題は、上の「乳搾り娘の計算」を見てもわかるように、数学的な「正しさ」以上の、あるいはその背後に広がる「なぜ」に焦点を置く。それを、既成の方法や定理を前提せずに、いわば素手で参加者に考えさせるものである。論文の著者によれば、こうした作業を通して、

- 数学的な事柄や関連性に対して、深い理解を得ることができる
- 対話の中で、論拠づけに関する固有の思考と共通の検討を通して、教師や教科書の権威を必要としない仕方で真理を納得することができる
- 数学の楽しさ、固有な思考の力への自己信頼を得ることができる
- 数学的発見さえも可能である

という。数学（あるいは学校における数学教育）は、たいていの場合「一面的で、傷つけられている」と著者は言う。また、数学は「膨大で、多くの部分が見通せず、理解できない数式の群れ」や「さまざまな概念、文、手続きの形をとった既成の知」を学ぶものだ、というイメージが固定化されている。数学 SD は、少なくとも、こうしたイメージを変えることに役立つというのである。

156

第5章 SDをどう活用するか

　SDは、哲学教育ないし哲学的思考の訓練のための方法として開発された。現在では、哲学に限らず、一般に対話や議論のスキルを学ぶ手段としても使われている。対話の大切さや、楽しさ・難しさを体験する機会として、非常に濃密な対話を実現するSDはうってつけである。それは、小中高等学校や大学の授業として、あるいは市民向けの対話教育や企業研修の形で行われている。概して言えば、それは思考やコミュニケーションの「教育」を目的としている。

　他方、SDをもう少し別の目的で活用することが考えられる。現場の諸問題を、現場の人々自身とともに考え、新たな問題発見や問題解決に向けた対話や議論を行う機会として、SDを使うのである。この場合、現実の問題がすでに社会や現場にあり、SDはそれに対処するための手段として使われるという意味で、教育を目的としたSDとは異なる。SDは、それだけでは社会や現場の問題を直接扱えるわけではない。それゆえに、どのような枠組みの中でSDを位置づけるか、そこでどのような「問い」を設定するのか、SDに期待される効果は何か、SDの成果（答え）はどのような意味を持つのかなど、明確にしなければならない多くの課題が現れる。

第5章　SD をどう活用するか

　以下では、こうした課題を考えるために、政策提言として実施された SD（を組み込んだ対話と研究調査）の試みを二つ紹介する。単に SD をするだけではなく、それを社会や現場においてどのように活用できるか、これが問われる。

5-1　遺伝対話 Gen-Dialog

概要と工夫

　2006-2008 年、ウィーン高等研究所を中心に共同研究プロジェクト「遺伝子診断の社会的・文化的側面に関わる分野横断的研究」[1] が行われた。目的は、遺伝医療（遺伝学的検査や遺伝子診断、遺伝カウンセリングなど）における問題点・課題を発見し、改善のための方策を探ることである。それは、関係当事者間での対話を軸にした調査方法を模索するとともに、研究調査をオーストリア・ドイツ・日本で同時並行的に行い、国際的・文化的な比較分析を行うという大掛かりなものであった。共同研究は「遺伝対話 Gen-Dialog」と称され、以下の三つの異なった研究アプローチを実施することから成っていた。

　■政策分析：各国の遺伝医療に関する法整備や行政政策の現状を調査し、比較・分析する[2]

---

1)　成果報告はウィーン高等研究所のサイトから閲覧できる：https://www.ihs.ac.at/steps/gendialog/

2)　日本側の成果発表として、岩江荘介（2007）「遺伝子解析を巡るわが国規制システムについて：その特徴、形成された背景および問題点」平成 15-18 年度科学研究費補助金研究成果報告書『疑似法的な倫理からプロセスの倫理へ：

5-1 遺伝対話 Gen-Dialog

■民族誌（エスノグラフフィー）的調査：遺伝子診断・遺伝カウン
セリングを実施している施設を対象にして、質問紙調査、関係者
（医師・看護師・臨床心理士・クライアントとその家族など）への
インタビューや参与観察などを行い、比較・分析する

■ SD 試行：各国で関係者（医師・看護師・臨床心理士・倫理学者な
ど）を集めて SD を行い、問題点や課題を発見し、何らかの政策
提言としてまとめる

　社会学的な研究調査を基本とするが、そこに「SD 試行」が組
み込まれている点で、従来にはない特色を持つものであった。
共同研究の代表者は、ウィーン高等研究所のベアーテ・リティ
ッヒ（Beate Littig）。彼女は社会学者であるとともに、SD に関
心を持ち、その進行役も行っている。社会学の調査研究に SD
を取り入れる試みを続けている。すでに、この共同研究を行う
前の 2002-2004 年には、ヨーロッパの「異種間移植」に関する
社会調査に SD を取り入れた研究を行っていた[3]。遺伝医療にし
ても異種間移植にしても、先端的な医療技術の問題を考えよう
とするとき、意思疎通の難しさというものに直面する。技術の
可能性や現状をよく知る専門家と、技術のことはよく知らずイ
メージだけで判断しがちな一般の人々との間には、常に大きな
溝が横たわっているからである。多くの社会学的研究調査では、

「生命倫理」の臨床哲学的変換の試み』p. 21-40 参照。

3） 文献案内 Erich Griessler, Beate Littig（2006）参照。日本語にされたものとし
て、平成 14-15 年度科学研究費補助金研究成果報告書『公共的対話を深めるた
めの哲学的方法論：ソクラティク・ダイアローグを中心として』（2004）参照。

159

第 5 章　SD をどう活用するか

専門家の間で議論されている問題をそのまま取り上げ、考察することしかできていない。しかし技術の普及に際して、専門家と一般市民を交えた社会の公共的な問題として対話・議論される必要がある。そうだとするならば、そのような対話・議論の場を作り出し、そこに現れる課題や可能性を考察しなければならないのではないか。リティッヒはこうした問題意識から、事柄の根本的な理解と徹底した共同的対話のツールである SD を取り入れた社会学的研究に思い至ったのである。

　共同研究「遺伝対話」では、2007 年半ばまでに政策分析と民族誌的調査をほぼ終え、その分析を踏まえた上で計 6 回の SD を行った[4]。その目的は、遺伝医療の問題を専門家の間だけではなく、非専門家ないし一般の人々も交えた「公共的」問題として（より深く）議論する可能性を探ることである。下に示したのは、SD が行われた場所／テーマ／時期である。またテーマには、それぞれ SD の「問い」が前もって設定されていた。

　ベルリン／自己決定／2007 年 9 月
　ウィーン／自己決定／2007 年 10 月
　大阪／自己決定／2007 年 12 月
　ウィーン／了解／2008 年 1 月（グループ A）
　ウィーン／了解／2008 年 1 月（グループ B）
　松本／自己決定／2008 年 2 月

　自己決定：遺伝カウンセリングにおいて「自己決定」に配慮すると

---

4 ）　文献案内 Erich Griessler, et al.（2009）参照。

5-1 遺伝対話 Gen-Dialog

　　　　　は、どういうことか

　了解：　　遺伝カウンセリングにおいて、人はどのように「了解」に
　　　　　　達するのか

　本来の SD であれば、問いに「遺伝カウンセリングにおいて」
といった文言は入れない。しかし、ここではあえて問いを限定
し、遺伝カウンセリングの問題を考える対話の場にする工夫が
なされている。遺伝カウンセリングとは、遺伝学的検査の前や
後に行われるカウンセリングである。遺伝学的検査では、自分
や自分の子が持つ（多くの場合根治不可能な）遺伝性疾患の発
症リスクが判明しうる。検査を受けようとする人に対して、カ
ウンセラーは遺伝に関する知識や検査結果の意味を正確に「了
解」してもらい、その人の「自己決定」に配慮した対応が求め
られる。検査結果は、その人の人生や家族など周囲の人々にも
大きな影響を与えうる。病気に対する社会的な偏見もある。そ
れでも検査を受けるかどうか、カウンセラーは遺伝学的知見の
情報提供のみならず、その人の価値観や不安に寄り添いつつ、
冷静な決定を導かなければならない。遺伝学的検査という先端
技術は、こうした人間的な配慮をかえって鋭いかたちで要請す
る。そこにある問題を考えるために、上のような SD の「問い」
が作られたのである。

　また遺伝対話では、SD の後に「移行対話 transfer dialogue」と
いう別の対話の時間を設けていた。普通の SD は、「問い」に対
する「答え」を出すことによって終わる。しかし、それでは原
理的ないし日常生活的なレベルでの諸問題を吟味できるものの、
社会的文脈を伴った現実の問題には至らない。そこで、実際の

第 5 章　SD をどう活用するか

問題（ここでは遺伝医療、特に遺伝カウンセリングをめぐる問題）へ
と「移行する・転換させる transfer」対話の場を設定したのである。これもまた SD を社会問題（の対話）へと適用するために施された工夫である。

ウィーンでの SD

　さて、こうした学術的な研究調査の枠組みの中で行われた SD は、実際どのようなものだったのか。以下では、自己決定のテーマの下で行われたウィーンと大阪での SD と移行対話の内容を紹介する。まずウィーンで行われた SD から。

　　日　　時：2007 年 10 月 12 – 14 日
　　進行役：ホルスト・グロンケ (SD)、ベアーテ・リティッヒ (移行対話)
　　参加者：10 名（遺伝子臨床医 4、一般医 1、自助グループ関係者 2、
　　　　　　　代議士 1、行政関係者 1、教育学者 1）
　　経　　過：12 日（金）　16:00 – 18:30：自己紹介と SD の説明、および
　　　　　　　　　　　　　　　　　　　　　例の提示
　　　　　　　13 日（土）　09:00 – 11:00：例の選択と詳述
　　　　　　　　　　　　　　11:30 – 12:30：例における判断の確認
　　　　　　　　　　　　　　14:15 – 15:30：判断の確認（つづき）、および
　　　　　　　　　　　　　　　　　　　　　原則の推論
　　　　　　　　　　　　　　16:00 – 17:45：原則の推論（つづき）、および
　　　　　　　　　　　　　　　　　　　　　他の例への適用
　　　　　　　　　　　　　　18:00 – 19:00：特別講演「不確かさ：遺伝カウ
　　　　　　　　　　　　　　　　　　　　　ンセリングにおける道徳的善さ」

　　　　　　　　　　　　　　　　　　　　5-1　遺伝対話 Gen-Dialog

　　　14 日（日）　09:00 - 10:30：移行対話 1
　　　　　　　　　　11:00 - 12:00：移行対話 2

　　参加者は、実際に遺伝カウンセリングを行っている現場の医師を中心に、遺伝性疾患（主にガン）の患者に関わる自助グループ関係者の他、遺伝カウンセリングとは直接関係しない人々を交えた構成になっている。興味深いのは、政治や行政に関わる人々が組み入れられていることである。共同研究は、遺伝医療に関する政策提言を目指している。その意味で、政治・行政からの参加者を加えた。また、SD と移行対話の間に「特別講演」が設けられた。そこでは、バーゼル大学で生命科学における倫理問題を研究する講演者（Rouven Rorz 氏）が、ハンチントン病を親に持つ若者数人の追跡調査を実施し、彼／彼女たちが（長い思案の結果）自分の持っているかもしれない病気に関して、必ずしも真実を知ろうとしないこと、むしろ「不確か」なままで生きる選択をしていること、その「道徳的善さ」を強調する発表をした。科学的・医学的な観点からすれば「真実を知る＝善い」となるだろうが、遺伝性疾患の疑いを抱えたまま「生きる」という観点から見ると、この等式が必ずしも成り立たない。講演は、この「不確か」さや「知らないでいること」の積極性を説得力ある仕方で示すものであり、遺伝カウンセリングの問題を考える上で大きな刺激を与えたようである。SD の「問い」や「移行対話」に加えて、こうしたところにも現実の問題を議論するための工夫がなされていた。
　　SD では、次のような「例」が選ばれた。ある遺伝性疾患の女性が、不妊手術をするかどうか相談を求めてきた。医師は、遺

第5章　SDをどう活用するか

伝学的症状や出生前診断の可能性などを説明するとともに、彼女の（不妊手術をするかどうかの）自己決定に配慮し、彼女に全体的な見通しがつくまで時間をかけて考えるよう勧めた。この例の検討からグループは、自己決定への配慮としてカウンセラー（ここでは担当医）に何ができていたのか、そこにあった「判断」について、次のような確認をした。

- カウンセラーは、彼女の自己決定権を完全に保持ないし可能にした。それは、彼女がその後も長く生活しうる中で下された決定であった。
- 彼女が望んでいたのは、カウンセラーが（例えば他の専門医や臨床心理士を紹介するといった）コーディネートの役割を引受けることであった。
- カウンセラーは、何が正しい決定かを、あらかじめ知っているわけではない。決定は、カウンセラーが彼女を支援しつつ寄り添う過程の中で見出された。

この後グループは、自己決定への配慮に関する「原則」（答え）を、次のようなかたちで導き出した。そこでは、まず「自己決定」とはどのようなものかが明確にされ、それに従って自己決定への「配慮」に関する定式化がなされている。

- 自己決定とは、目の前の「自分の望み」を実現させることではない。カウンセリー（カウンセリングを受ける人）の目の前の望みを実現させることに対してカウンセラーが援助しないとしても、カウンセリーの自己決定を軽視したことには、必ずしもならない。自

164

己決定の本質は、カウンセリー自身が「自分の決定」を下すことにある。

■それゆえカウンセラーは、次のようなかたちでカウンセリーの自己決定に配慮する。すなわち、カウンセリー自身の決定に対して、その「前提を作り出す」こと、あるいはそこにある「障害を取り除く」ことである。

　もちろんグループは、こうした結論に直線的に到達したわけではない。例の選択と詳述から始まって、そこにある「判断」がどのようなものであったか、そこにある固有な状況などを参加者全員で共有し確認していく作業の中には、さまざまな紆余曲折があった。さらに「原則」を導き出す際にも、対話はたびたび横道に逸れた。しかし、そうした紆余曲折や横道の中に、遺伝カウンセリングと自己決定配慮をめぐる複雑な問題性が見え隠れしている。私はこの SD にオブザーバーとして参加していたのだが、そのように感じた。

　この後の対話はどうなったのか。以下では、特に「原則の推論」の作業に伴って出されたいくつかの具体的な問題や観点などを、3日目に行われた「移行対話」での議論内容も含めて示すことにする。これらは十分に議論されていないが、参加者たちが遺伝カウンセリングに関する対話の中で見出すことのできた事柄である。

第 5 章　SD をどう活用するか

1.　自己決定の前提作りに関連した議論

- カウンセラーは、例えばカウンセリーの望みの不一致を示すなどといったかたちで、カウンセリーの「関心事」を明確にすべきである。
- データや証拠（家系分析・遺伝子検査などによってわかる発症確率・時期・症状の重さ、そこで予測されることなど）を十分に自分のものにしなければならず、その上で、それを「情報」としてカウンセリーに明瞭判明に与えるべきである。
- カウンセリーが決定・行動する事柄に関して「別の可能性」を示すべきであるが、それを勧めたりしてはならない。場合によってはカウンセリーが「考えるきっかけ」になるものを与えるべきである。つまり、カウンセリーが自己決定を見出す際、さらに考慮しなければならないような事柄をあえて示すべきである。
- カウンセリーの何らかの自己決定に際して「時間が必要である」ことを配慮すべきである。つまりカウンセリングの間に休憩時間を作るとか、新たなカウンセリング機会を設定することによって。
- 情報がカウンセリーに伝わっているかどうかを確認すべきである。そこでは、カウンセラーからの積極的なコンタクトが大きな助けになる。

2.　価値観の持ち込みに関連した議論

- カウンセラーは、カウンセリングの場面で、自らの「価値観」に

よって自分自身を位置づけることができるし、またそうすべきである。

- これは、他からの影響（例えば社会的な圧力や偏見など）の下でカウンセリーが自己決定を行わないよう配慮する限りで、あるいはカウンセリーに対してそうした自由を投げ返す限りで許されるし、意味あるものとなる。他からの影響という否定的な観点に対して、（自分で決めるという）別の肯定的な観点がここで対置されうるからである。

- これはカウンセラーが何らかの価値観をカウンセリングに持ち込むことを意味するが、そうした「非中立性」が、かえってカウンセリーの自己決定に際して有益であることと関係している。

- しかし、こうした価値観の持ち込みは、カウンセリーに提供する「情報」と一体になって示されないよう注意しなければならない。価値観は、あくまで「私の見方では……」というかたちで、情報から明確に区別されて表出されなければならない。

3. 文化的特殊性への理解に関連した議論

- カウンセラーは、他の当事者（特に家族）に情報が伝えられるかどうかに関して、それをカウンセリーに任せるべきである。しかしまた、それを提案すべきでもある。これが許されるか、それとも「非常に指示的である」（従って許されない）かには問題が残る。

- オーストリアでは、個人の病気等に関する情報を医療者が他人に（それが家族であっても）伝えてはならない、ということが法律で規定されている。つまり医療者が病気に関する情報を「家

第5章　SDをどう活用するか

族に伝えてはどうか」と提案することは「指示的」なことであるとされる。このような厳しい（個人主義的な）法的規定は、オーストリアでも問題になっているという。

■ カウンセラーは、例えば家族内の上下関係のような「文化的特殊性」に理解を示すべきである。これは上で触れた法律規定の境界を超えるかもしれないことを意味するが、逆に文化的な固有性に対して法の観点から境界を引くことも意味する。

■ また文化的特殊性に対する理解は、多文化的な社会において「患者に対する十分なコンプライアンス」を持とうとする場合、重要なものになる。

　繰り返し強調しているように、SDだけでは現実の問題は議論し尽くせない。移行対話を加えたとしても、遺伝カウンセリングに関するさまざまな論点が指摘されるに留まり、それ以上の議論は十分にはできなかった。しかし、少なくとも問題の核心の一部分について、専門家だけでなく非専門家にも説得力ある仕方で理解が深まり、今後問題をどのように議論していけばよいかという方向性に関して、共有化の度合は高まった。SDは、現実の複雑な問題を議論するための発端として、十分な効果を及ぼしたと言える。参加者の多くは、非常に有意義な対話の場を持てた、今後も機会があれば是非SDを行って欲しい、といった感想を表明した。

大阪でのSD
　日本でも、同じテーマで2回のSDが行われた。ここでは大

5-1　遺伝対話 Gen-Dialog

阪で行われた SD の模様を紹介する。

　　日　時：2007 年 12 月 22-23 日
　　進行役：堀江剛
　　参加者：6 名（遺伝子臨床医 1、看護師（遺伝子診療部）1、障害者
　　　　　　介護ヘルパー 1、患者（筋ジストロフィー）1、自助グルー
　　　　　　プ関係者 1、大学教員（哲学）1）
　　経　過：22 日（土）　15:00 − 17:30：自己紹介と SD の説明、および
　　　　　　　　　　　　　　　　　　　例の提示
　　　　　　23 日（日）　09:00 − 10:40：例の選択と詳述
　　　　　　　　　　　　　11:10 − 12:40：例の分析と確認
　　　　　　　　　　　　　13:45 − 15:15：原則の推論、および他の例への
　　　　　　　　　　　　　　　　　　　適用
　　　　　　　　　　　　　15:40 − 17:00：移行対話 1
　　　　　　　　　　　　　17:15 − 18:30：移行対話 2

　この SD では、遺伝カウンセリングではなく日常的な場面に
おける「自己決定への配慮」の例が選ばれた。他に提示された
例の中には、医療現場において患者の自己決定を配慮した例も
示されたが、それらは複雑すぎるという理由で選ばれなかった。
また参加者は、日常的な場面を出発点にして遺伝カウンセリン
グにおける自己決定の問題を考え直したい、という作業に興味
を持った。
　例は、重度の知的障害の息子を持つ母親が、施設に住むかグ
ループホームに住むかという将来その子に迫られる生活上の大
きな選択を考慮し、そのための一種の練習として、彼が小学校

169

第 5 章　SD をどう活用するか

高学年のときプールに行くかキャンプに行くかという日程の選択をさせた、というものであった。ここには、母親と息子との特殊なコミュニケーション状況があった。息子は言語的な発声ができないため、コミュニケーションは多数の絵カードを使って行われる。そこでは、喜びや関心は示すが、声（つまり言語）は聞き取れない。しかし息子の「自己決定に配慮する」母親の例として、SD の「問い」に端的に沿うものであった。例の検討において、グループは自己決定配慮に関連したいくつかのポイントを確認するとともに、三つの論点を見出した。

■ この例は、将来の大きな自己決定に向けての練習・経験として、長期ビジョンの中での自己決定に対する配慮であった。
■ この例には、プラスの経験を生む選択肢、あるいはリスクの少ない選択肢を提示する、という配慮が見られた。
■ この例には、本人が選びやすいような情報提供をする、という配慮があった。
■ この例は、非指示的な選択肢の提示であった。それは、いずれの選択をするにしても「支援する」という、支援者としての態度に示されている。

1.　自己決定における「確認・再確認」の必要性と弊害、ないし不可能性

　　自己決定は変化しうるゆえに、その「確認」ないし「再確認」が必要となる。それはコミュニケーションを繰り返す過程の中で実現される。しかし（例のように）、確認・再確認が不可能な場合もある。また、再確認することは、ある意味でその決定を白紙に戻

5-1 遺伝対話 Gen-Dialog

すことでもある。さらに言えば、再確認する行為は、自己決定の「念を押す」という意味で、ある種の誘導的な側面を持っている。このように、自己決定における「確認・再確認」は、基本的に必要なことではあるものの、その弊害や「指示性」の契機を潜ませている。

2. 自己決定において「パターンを崩す」ということ

人の決定や選択には、「これしかできない・しなければならない」という、ある種の思い込みが潜んでいる。そうした場面において、いつものコミュニケーションの「パターンを崩す」といった、新たなかたちでの選択肢の提示がありうる。そうした仕方で、自己決定を配慮することがありうる。

3. 結果に対する「リスクを含んだ／含まない」ないし「後戻りできない」選択肢の提示

自己決定に対する配慮として、たとえ決定の結果がよくなかったとしても、再度やり直せるような「リスクを含んだ」選択肢の提示がありうる。傍から見ていて失敗するだろうと考えられていても、あえてそれを自己決定として遂行させる、いわば「失敗する・失敗から学ぶ」権利への配慮である。安全な事柄を選択させるような「リスクを含まない」選択肢の提示は、この権利を剥奪することである。しかし遺伝子検査や不妊手術のように、一度選択すると「後戻りできない」選択肢の場合、ある種の誘導が必要になるかもしれない。

この後グループは「原則の推論」に向かうが、具体的な例か

171

第5章　SDをどう活用するか

ら離れて自己決定配慮に関する一般的な「答え」を見出そうとした。そのため論点が拡散してしまった。本来の SD では「具体例の中に潜む一般的なものを探究する」はずなのであるが、進行役の説明不足もあって、参加者は「具体例から離れて一般的なものを探究する」方に傾いた。いずれにしても、ここで参加者は「自己決定に配慮するとは、どういうことか」に対する答えを、次のようなかたちでまとめあげた。

- ■自己決定に配慮するとは、決定する本人の年齢・状況などによって変わる・変えるものである（どのように変えるかが難しいのだが）。
- ■決定事項の「重さ」や「やり直しがきく／きかない」ことに配慮することである。ここには、決定後の支援の準備や状況に関する情報提示への配慮が含まれる。
- ■自己決定への配慮は、誰が配慮するか（配慮の主体）によって異なる。つまり、本人自身・家族・支援者（医療者）・地域社会・国家・国際社会（国連など）のレベルがありうる。
- ■自己決定への配慮には、自己決定「する／した」ことに対して、それぞれ異なる配慮がある。
- ■配慮は、当事者の自己決定が「しんどい」ゆえに為されるものである。この意味から「配慮の文化・精神」なるものが望まれる。

最後の「移行対話」においてグループは、あらためて遺伝子診療・遺伝カウンセリングとはどのようなものかを理解することから始めなければならなかった。これは、参加者の大半が医療者ではなく、遺伝子診断に関する知識を十分には持っていな

5-1　遺伝対話 Gen-Dialog

かったことによる。幸い、参加者の一人（遺伝子臨床医）から
丁寧かつコンパクトな説明があり、他の参加者はそれに質問を
出すかたちで理解を得ることができた。その際、焦点になった
のは「遺伝カウンセリングの難しさ」であった。それは簡単に
次のようにまとめられた。

- カウンセリーは、通常（自分の遺伝的・遺伝子的な問題について）
  「知りたい」という決意で遺伝カウンセリングを受けるのだが、遺
  伝子検査を行うまでに、家系分析などさまざまな情報収集と疾患
  に関するさまざまな情報提示が必要になる。
- このときの情報提示は「非指示的」であるとはいえ、たいていの
  場合、カウンセリーの「知りたい」という願いに反する。それは
  「知る自己決定をさせない」といった、ある意味で「指示的」なカ
  ウンセリングであるかのようである。
- それでもカウンセリングを繰り返す中で、自らの疾患の可能性に
  関する情報を「得るか／得ないか」に関する自己決定に至る。カ
  ウンセラーは、そのように至らしめる。

　遺伝カウンセリングに関するこうした質疑応答と確認を経て、
グループは次のような移行対話での結論に至った。すなわち、
遺伝カウンセリングにおいて望まれる事柄として、

- カウンセリーとどのような「生き方」があるのかに関して、話し
  合う必要がある。遺伝性疾患という（多くの場合）根治不可能な
  病気に関わる限りは、それとともに患者が生きる「生き方のモデ
  ル」を提示する必要がある。

173

第 5 章　SD をどう活用するか

■ 多くの（医療的・専門的な）情報が一挙に提示されうるのである
が、それをカウンセリーは十分理解できないのが普通である。そ
こで重要なのは、カウンセリーの「生活に関わる情報」（特に社会
の中で被りうるデメリットなど）も、できるだけ伝えることである。

　移行対話の結論は、確かに SD での「例の分析・判断の確認・
原則の推論」における対話の成果と上手く結びつけられていな
い。しかしそれは、「生き方」や「生活に関わる情報」といった
言葉が示すように、遺伝カウンセリングにおける「非医療的」
な選択肢・情報提示の必要性と重要性を明確に示唆している。
SD の日常的な「例」から出発して、また医療に関わらない参加
者とともに、遺伝カウンセリングに関する独自な見解が得られ
たと言えるだろう。

成果と課題

　遺伝対話では、三か国合わせて 52 人が SD に参加し、詳細な
（SD 前／後の）書面アンケートや参加（約一週間）後の電話イ
ンタビューなども行われた。大多数の参加者は、SD の成果を
「自分の実践に対して非常にポジティブ、ないしポジティブ」と
評価した。6 回の SD と移行対話での議論を（少し乱暴ではある
が）要約すれば、次のようになる。遺伝カウンセリングにおけ
る「自己決定」とは「クライアントが長く生きうることになる
決断」と定義できるものであり、遺伝カウンセラーはそれを「非
指示的」な仕方で支援すべきである。このとき「非指示的」と
は、カウンセラーが自分の「倫理的確信の持ち込みを差し控え

174

る」ことであるが、それを完全に遂行することは非常に困難である。それゆえカウンセラーは、自らの価値観・態度を自覚していなければならず、少なくともそれを「客観的な情報に包装して」クライアントに提示してはならない。ときには「自分の価値観として明確に表明」する場合もある。いずれにしても、クライアントに影響を与えないようなカウンセリングはない。非指示的なカウンセリングとは、影響を与えないカウンセリングを言うのではない。

遺伝カウンセリングにおける「自己決定」や「非指示性」の問題は、もちろん臨床医や遺伝カウンセラーの間で相当強く意識されている。しかしそれを、専門外の人々とともに、専門的な文脈ではない一般的な言葉使いによって、しかもより踏み込んだかたちで再確認できたことは、彼／彼女たちにとって新鮮だったようである。例えば、遺伝カウンセリングに関するWHOや各国の倫理指針では、クライアントの自己決定について「十分なされるよう配慮すべきである」といった文言しかないが、SDに参加した人々による「自己決定」の定義は、それ以上の踏み込んだものになっている。また、遺伝カウンセリングには直接携わっていない人々にとっては、専門的に込み入っていて理解が困難な、しかし患者や行政政策として関わる可能性のある問題を、具体例とともに「自ら」考え、納得することができた。遺伝カウンセリングという特殊専門的な現場の問題を、専門でない人々も交えたかたちで議論でき、また一般的なかたちで定式化できた。これはSDという方法があっての成果であったと言える。

他方で、課題も見えてきた。それは「移行対話」をどのよう

第5章　SDをどう活用するか

に工夫するか、ということである。アンケートの中には、SDよりも移行対話の時間を多くとって、遺伝カウンセリングに関わるさまざまな問題を議論したかった、というものが多くあった。確かにそうであろう。しかし、それはSDによって、自分の意見を安心して発言でき、他人の意見をじっくり聴ける場が十分醸成されたからであり、問題が議論できるようになるまでには相当の時間が必要である。私も含めた共同研究の進行役は、そのように考えている。とはいえ、移行対話に関する何らかの工夫が必要である。

　考えてみれば、SDは「問題発見的」な対話の方法として有効であるが、問題に関して共通の合意や提案を作り上げるという点では、つまり問題に関する「意思決定」という点では、制約の多い方法である。共同での意思決定には、決定に参加する者の間での論点の単純化による選択肢の明確化、問題解決に対する強い動機、利害の調整、決定に対する責任など、対話の外部にある多くの条件が関係してくる。これらの条件を、対話の内部に反映させつつ、参加者がそれを処理できなければならない。遺伝カウンセリングの諸問題に対して、参加者がどのような合意を形成しうるか、あるいはどのような提言を作り上げるのか。移行対話ではこれが試された。しかしそこには、上の諸条件を対話の内部に反映させる何らかの工夫が必要であったと考えられる。問題解決・意思決定には、いずれにしても「問題発見」とは別の作用が働く。SDはそのための豊かな材料提供として役立つに過ぎないのである。

5-2　対話コンポーネンツ

　2002-2003年、大阪大学臨床哲学研究室を中心とした研究プ
ロジェクト「臨床コミュニケーションのモデル開発と実践」の
中で、公共的対話の方法を開発する取り組みがなされた。社会
に生じている問題について、専門家／非専門家を含めた利害・
立場・文化的背景の異なる当事者・関係者が話し合い、相互の
理解を深め、問題解決のために歩み寄るためには、コミュニケ
ーション（議論・対話）に関するさまざまな工夫が必要である。
わたしたちは、SDをはじめとする各種の対話フォームの「組み
合わせcomponents」から成るプログラムを構想し、試行した。[5]

構成と実施経過

　対話コンポーネンツ（略して「対話コンポ」）は、基本的に4
つの対話フォーム（第0～3コンポ）から成り、次のように、
それぞれが異なる機能や目的を持つ。

5）　以下の文章は次の報告書に訂正を加えたものである。本間直樹・堀江剛
　　（2003）：対話コンポーネンツ：臨床コミュニケーションのモデル形成にむけ
　　て、文科省科学技術振興調整費科学技術政策提言平成14年度報告書『臨床コ
　　ミュニケーションのモデル開発と実践』p.144-163、堀江剛（2004）：公共的対
　　話の方法：在宅における医療行為をテーマにした対話コンポーネンツの試み、
　　文科省科学技術振興調整費科学技術政策提言平成15年度報告書『臨床コミュ
　　ニケーションのモデル開発と実践』p.34-46. さらに、日本における医療倫理問
　　題へのSDの活用例として會澤久仁子らの活動がある。文献案内 Kuniko Aizawa
　　et al.（2010, 2013a, 2013b）参照。

第5章　SDをどう活用するか

■第0コンポ：起点づくり

テーマに関する事前の調査・聞き取り。問題点や疑問点を
聞き取る作業を通して、個々の当事者・関係者から対話へ
の関心を引き出す。十分な時間を設けることができない場
合は、メディアに現れている「問題」を調査し、それに関
するリストを作成する。これは、既存の問題やコミュニケ
ーションにおける対話の起点を作り出すという意味で、「0」
とした。

■第1コンポ：問題の展開

テーマに関する論点の枚挙・自由な議論。上の作業をもと
に対話のテーマを設定し、参加者を募る。集まった参加者
に問題点のリストなどを示すなどして、問題に対してどの
ような考えを持っているかなどを確認する。そこで疑問が
出された場合は、問題点のリストにそれらを加えた上で、
キーワードをいくつか抽出し、第2コンポで話し合うべき
「問い」を提案する。

■第2コンポ：問題の一時解除

普遍的な「問い」をめぐる対話。提案された「問い」の下
でSDを行う。これは、上で確認された実際の（現実の）問
題を直接扱うわけではなく、問題をめぐって人々が（暗黙
のうちに）前提にしている常識や理由づけを問い直す作業
である。そこでは、参加する関係者の異なる利害関心・役
割・立場・専門性などを「一時的に解除」したかたちでの
対話が求められる。

178

■第3コンポ：問題への回帰

テーマに関する議論。先行する対話の成果を活用しつつ、外部にむけて（あるいは次の対話コンポに向けて）発信するための対話を行う。それは、問題に対する解決策や提言というかたちでまとめられるべきである。また、次なる対話（コンポ）の起点づくりにすることもできる。

対話コンポの構成は、すでに行われていたリティッヒらの「異種間移植」に関する社会調査を参考にして作られた。SDの社会問題への適用という意味で、わたしたちも同じようなことを行おうとしたのである。特徴としては、SDの役割を「問題の一時解除」として位置づけたことである。上の第2コンポの説明でも示したように、現実の問題にはさまざまな利害関心・役割や立場の違い・専門／非専門の区別などが絡み合っている。それを差し当たって脇に置き、参加者の「言明」だけに集中する仕方で、問題に関連する「問い」を考える場を作るのである。問題から一歩身を引いた反省作業の深まりにこそ、哲学の出番があると言える。ちなみに第1コンポは、通常のSDの最初に行われる「問い」作りを、現実の問題と関係させるかたちで拡張したものと考えてよい。また第3コンポは、遺伝対話で紹介した「移行対話」と同じである。

2003年8-11月、わたしたち臨床哲学研究室（医療分科会）は「在宅における医療行為」をテーマとした対話コンポを実施した。最初に、医療・看護・福祉の分野に関わる諸問題をできる限り枚挙し、その中から対話コンポのテーマとしてふさわしいと思われるものを選別することから始めた。医療・福祉関係者

の間だけでなく、一般市民にも関心が寄せられるような社会的な広がりを持った問題に焦点を合わせようとした。このテーマの下に関西圏の関係団体、病院・訪問看護ステーション・ホームヘルパー派遣機関・保健所・患者家族の会など約50団体に向けてアンケートを送付し、論点を整理した。これが第0コンポに相当する。8-9月のことである。

10月、関係団体（特にアンケート回答のあった団体）に対してフォーラム（公開討論会）を呼びかけ、第1コンポとして約3時間にわたって自由な議論を行った。医師・介護教員・看護士・ホームヘルパーの4人に話題提供をお願いし、全体として20名以上が参加、それぞれの立場から活発な議論がなされた。そしてアンケートや公開討論会での論点をさらに整理した上で、2日間にわたるSD（第2コンポ）とテーマ討論（第3コンポ）を11月に実施した。SDの参加者は、医師・介護教員・倫理学者・患者遺族・ホームヘルパー2名・看護学生の7名であった。テーマ討論では、ここにホームヘルパー3名と哲学者が加わり11名となった。

在宅における医療行為

家庭における医療的療養や高齢者・障害者介護が広がる中で、在宅における医療的措置、しかも医療資格を持たない家族やホームヘルパーによる措置をどのように理解し、また容認／制限するかが問題になっている。通常の在宅療養や介護でのさまざまな措置（例えば浣腸・摘便・爪切りなど）も「医療行為」の範疇に入り、そうでありながら患者・家族の求めやルーティンとし

5-2 対話コンポーネンツ

て介護者が行っている（行わざるをえない）のが実態である。特定の医療行為を、ホームヘルパーに法的に容認すべきかどうか、その線引きをどのように行うのかといった具体的な問題が、ここに浮上してくる。また、それらの背後に控えている大きな問題、つまり「そもそも在宅で（医療者以外の者が）医療行為をするとはどういうことなのか」「そのための基本的な枠組みをどのように考え提案してよいのか」といった問題がある。第 0/1 コンポで整理された問題群は、次のようなものであった。

- 法的に「許される／許されない」行為と「求められる」事柄
- 契約関係になることで失われた／得られたもの
- さまざまな種類の「責任」が交錯する現場
- 協力・連携・ネットワークの必要性
- 在宅／病院という文脈の差、安全／危険の基準の違い
- 現場における「信頼」関係と「不信」の形成
- 自分たちで選択・決定、また工夫・管理できること
- 「当たり前の生活」「住み慣れた環境」という言葉
- 医療行為から「生活支援行為」への視点の転換

　詳しくは書かないが、これを見ただけでも「在宅における医療行為」がいかに多様で複雑な観点や問題点を含んだ問題であるか、容易に見て取れる。これらの問題群を参照にして、今度は第 2 コンポ（SD）のための「問い」が作成された。

- 安全な行為とは何か
- 当たり前の生活をするとは、どのようなことか

181

第5章　SDをどう活用するか

- 信頼はいつ生まれるか
- 許される行為とは何か
- 連携（チームワーク）は、どんなとき上手くいくのか
- 人はどのようなとき「仕方ない」と判断するのか
- 他人の希望にどこまで添うべきか

　これらを第2コンポのテーマ候補として、あらかじめ参加者に示し、希望のテーマを申告してもらい、「信頼はいつ生まれるか」と「許される行為とは何か」が残った。さらに、直前に二つの「問い」を選択してもらい、最終的に「許される行為とは何か」が選ばれ、これでSDを行うことになった。以下に示すのは、SDで選ばれた「例」と、例の中核となる行為・判断としての「コア部分」、およびコア部分の「理由」、「一般化されたコア部分の理由」である。これらは、SDにおける「答え」の探究の過程・成果である。

選ばれた例

　妻が亡くなって、家で男三人（私・長男・次男）が無口になりつつあり、私は犬を飼おうという気になった。マンションでペット禁止は知っていたが、妻の死後人生観が変化し、開き直るのもいいと思った。ルールに従っていても人は死ぬのだから、あえてルールに反発したい。また、ルールに従わなくても幸せを選んでいい、と思った。犬を飼っていることは、いずれ管理人にばれると思っていた。それは成行きにまかせようという気持ちでいた。同じマンションで猫を飼っている人がいたが、問題になっていないことを知ってい

た。犬を飼って、家庭では、みんな犬のことでは話ができるように
なった。

　半年後、犬を車に乗せて出かけようとしたとき、管理人に見つか
った。それから数日後、管理人のところに行ったとき、管理人から
「お宅には、ずいぶん大きな犬がいるんやね」と言われた。私は「あ
れは弟の犬なんです」と偽った。管理人は、「よくそう言ってくれ
た」というような顔をして「あれはお宅の犬と違うんやね」と念を
押した。私はそこで「許された」のだと思った。管理人は前から私
が犬を飼っていることを知っていただろうが、実際に犬を目撃し、
見て見ぬふりができなくなり、私に尋ねたのだろうと私は思った。

コア部分（例の中核となる行為・判断）

A：私は犬を飼おうという気になった

B：私は、管理人（の追求）に対して、事実よりも理解を求めた
　　私は、管理人に「ノー」と言わせないような説明をした
　　私は、管理人が許容しうるような、事実と違うことを言った／
　　説明をした／言い訳をした

（最終的にBの「理由」を検討することになった）

第 5 章　SD をどう活用するか

コア部分の理由

私は、管理人が許容しうるような、事実と違うことを言った／説明した／言い訳をした（理解を求めた）。なぜなら、

- 自分の現状を守りたかったから（本人の必然）
- 相手の立場を考えたから（相手の立場、情け）
- 規則が名目的だったから（黙認）
- 自分の立場をわかってもらいたかったから（情け、本人の必然）
- 相手と自分との接点や妥協点を探りたかったから
- 自分の弱みを見せて、相手の寛大な態度を期待したから
- 相手から理解してもらえることを期待したから
- グレーゾーンの中で、互いの立場が生きる到達点を求めたから

一般化されたコア部分の理由

人は、規則から外れていても、自分にとって譲れないとき、他人が許容しうるような妥協点を求める（そのために事実と違うことを言うこともある）。なぜなら、

- 人には、生きるために何か譲れないものがあるから
- 人には、幸福に生きる上で守りたいものがあるから
- 人は、規則の運用上の流動的な状況の中で互いの立場を生かし合う必要があるから

5-2　対話コンポーネンツ

　SD では、時間の制約によって「許される行為とは何か」に対する最終的な「答え」には至らなかった。しかし参加者は、次の点で「答え」に限りなく近づいている。すなわち、ある行為が「許される・許容される」のは、たとえ規則に従わないことであっても、そこに何か「譲れない・守りたい」ものがあるからであり、さらにその「規則の運用上の流動的な状況」の中で折り合いをつけることである、という二点である。これは、法的に「許されない」とされるホームヘルパーの医療行為が、どのような点で積極的に「許される」のかを考えるとき、非常に興味深い結論になっていると言える。

　さて、第3コンポ（テーマ討論）では、再び「在宅における医療行為」に帰り、その問題を見つめ直し、何らかの発見を確認したり提案したりすることが目指される。進行役は、まず簡単にこれまでの問題群と SD の合意点を板書し、そこから出発して「在宅における医療行為」に関するさらなる観点の提示とまとめ（合意）を参加者に促した。

185

第 5 章　SD をどう活用するか

テーマ討論の導入に当たっての板書

在宅における医療行為の問題点

■法の規制

■家族の絆と責任（家族は本人の代替をできるのか）

■家族・地域・行政・ケア提供者の連携（在宅＝家ではない）

SD の合意の補足・再構成

■本人の尊厳が最も大切

■しかし、医療経済は個人の尊厳を副次的に扱う側面がある

■法は、現状を後追いしている側面がある（グレーゾーンが存在する）

■組織・チームでのバランス感覚

在宅における医療行為に関して出された新たな観点

• 本人の尊厳・意思・生き甲斐をサポートすべきである（しかし条件が整っていない）

• 幸福とは何か、家族にもわからず、本人の考えが変わることも多い

• 家族に振り回されない医師の倫理

• プロの援助者によるサポートと、家族によるサポート

• ひとりの援助者では支えられない重さがある（ネットワークを作る必要がある）

• 援助者にも「存在」がある（患者・利用者との境界線を引くこと）

5-2 対話コンポーネンツ

在宅における医療行為に関するまとめ

在宅医療に関して
- 本人・家族の明確な委託があれば
- 法的規制にとらわれず、行政も許容できるようなかたちで
- また医療行為ではなく「生活支援行為」という視点で応じ
  たい

さらに
- 患者・利用者のニードに合うように
- 法的条件の整備を求めて
- 広い範囲の理解・共感をえられるべく、活動すべきである

　テーマ討論における最後のまとめは、在宅における医療行為
をテーマとした対話コンポ全体の成果でもある。参加者は、在
宅における医療行為に関する包括的な方向づけを言葉にするこ
とができた。とりわけ最初の三点は、それまでの第0、1、2コ
ンポでの対話の成果を反映している。つまり「本人・家族の委
託」を基に「行政も許容できるようなかたち」で在宅医療を考
えるという主張は、第2コンポでの「生きるために何か譲れな
い・守りたいもの」を考慮して「規則の運用上の流動的な状況
の中で、互いの立場を生かし合う」という合意を反映している。
また「生活支援行為」という視点は、第0、1コンポで出されて
いたものであった。
　在宅における医療行為の議論において、ともすれば法的な許

187

第5章　SD をどう活用するか

容範囲や線引きの問題に注目が集まる。しかし対話コンポは、そうした現実の問題解決をめぐる議論を十分知りながら、むしろ「規則の運用上の流動的な状況」を積極的に捉えるとともに、「生活支援行為」という医療行為そのものに対する視点の転換を提示した。それは、問題（在宅における医療行為）への対処の仕方をめぐる議論から、問題の基本的枠組みそのものを見直す議論への深化を示していると言える。

課題と感想

　対話コンポでは、第2、3コンポの終了時に自由記述でのアンケートも実施した。そこで浮かび上がったのは、やはり SD からテーマ討論への「移行」という課題である。これに関して、次のような感想が寄せられた。

■テーマ「在宅における医療行為」に直接関係のない具体例からテーマについて考察すること、そこに最大の関心があった。別の角度や分野から同じものを見つめることによって、これまで閉ざされ気味であった医療の問題が、日常の視点で考えられた。それを、参加者の共同の作業で行うことができ、グループ全体としてそれなりの成果を確かめることができたのは、とてもよかった。

■具体的な例を出すことから一般命題を取り出していく作業は、「在宅における医療行為」という問題を考えるときの参考になった。SD で、具体例には一般命題が含まれていることを前提としているということがよくわかり、まさに哲学しているのだと感じた。具体

5-2 対話コンポーネンツ

例に含まれるポイントを丹念に検討することは、別の共通する命
題を含む課題を検討するときにも参考になる。

■ SDからテーマ討論に移ったとき、滑り出しに議論の難しさを感じ
た。それに加え、途中参加の人々がおり、かみ合っていくまでに
かなりの時間を費やした。結局、議論が上手くいき出したのは、
テーマ討論も終わる頃であった。

■ SDでは「許される行為とは何か」という限られたテーマを追いか
けた。それに比べると、テーマ討論における議論の幅は相当に広
く、まとめるのが難しかった。強引にまとめた、あるいは「まあ
まあこの辺りかな」といったかたちで妥協したような終わり方に
なった。

■ SDでの具体的な例をめぐる一般的思考に慣れてきて、そこからテ
ーマ討論に移ったときに、現実的な話に引き戻され、そのギャッ
プに戸惑った。

SDからテーマ討論への移行が「有益であった」と考えた参加
者と、逆に「難しかった・戸惑った」参加者とに分かれた。し
かしこれは、必ずしも相反する評価ではない。社会の現実の問
題にはさまざまな文脈や利害関心の相違が潜在しているのであ
り、もともと一筋縄では解決できない。それを解決しようとし
ても、たいていは自らの専門的な文脈や立場に固執するだけに
終わる。そうした文脈・立場から「一旦距離を置いて」、参加者
が何らかの共通点に立ち、その地点を互いに確認し、そこから

189

第 5 章　SD をどう活用するか

　現実の問題に向かおうとすれば、それが対話の噛み合った状態であればこそ、当然「難しい」作業になる。それが同時に、それぞれの参加者にとって「有益であった」と思われる点でもある。

　とは言え、この「ギャップ」を緩和させるような方法上の工夫も必要であろう。例えば、SD とテーマ討論との間に、実際の「事例 case」について検討するような場を設けることが考えられる。特に医療の分野では、SD の「例 example」ではない「事例」を検討することが広く行われている。こうしたステップを差し挟むことによって、参加者がよりスムースに問題に移ることができるのではないかと考えられる。

　最後に、対話コンポ（特に第 2、3 コンポ）全体に対する参加者の感想を挙げておこう。それは大きく分けて二種類ある。一つは「異なる立場」の参加者と対話する意義や必要性に関するものである（最初の二つ）。もう一つは、テーマを考えていくことに対して参加者が得たヒントに関連するものである（残りの四つ）。

- ■医師は、やはり医師の視点でしかものを見ていない。同じことは他の人にも言えて、私は遺族の立場でしかものを見ていない。医療的ケアを提供する側と提供される側との参加者のバランスは、討論ではキーポイントになる。この意味でも、テーマ討論よりも SD の参加が大切だと感じた。
- ■気心の知れた者ばかりではなく、立場は異なるが同じ関心を持つ新規なメンバーがいた方が、知的刺激を受けやすい。専門家が専門的な課題を議論する場合、自分の拠って立つ思考の枠組みから自由になれない。それが議論を硬直化させる。SD を使うと、一旦

5-2 対話コンポーネンツ

できあがっている思考の枠組みを外すことができる。しかも同じ
例を検討していく過程で、議論の前提となる思考を共有化できる。
これらが、もとの専門的な課題を議論するときに有効に働くと思
う。

■在宅介護において、自分が「してあげたい／してもらいたい」こ
とのズレの問題を、深く考えた。本当のところ何がよいのか。そ
れが、他人・家族・社会・介護者、また組織とパワーのバランス
によって決まっていくことは避けられない。人の運不運という永
遠のテーマにも深く関わると感じる。

■自分と他者とで構成される社会の中で、自分の思いを生かし、他
者の立場を尊重するためには、「他者が許容しうるような妥協点を
探る」必要がある。これは、課題を解決する上で、他の事柄にも
参考になるような考えであった。

■規則というのは「守る／守らない」という二極しかないように思
えるが、規則を運用する上では曖昧なところが必ずある。それを
正攻法で「規則を変える／変えない」といった議論にすると、お
互いの立場を守るために、それぞれが自分の意見に固執してしま
うことになる。運用上の在り方で、お互いに妥協点が探れるのだ
ということに気づいた。

■人には「譲れないもの」があり、それは他人からは些細なものに
見えるかもしれないが、生きることを支えている。自分にとって
も相手にとっても、その「譲れないもの」の存在に気づくことが
大切であることに気づいた。

　最初の点に関しては、次のことが注目される。参加者は、対
話を通して「立場の違い」が簡単には（あるいは永久に）埋ま

第5章　SDをどう活用するか

らないことをはっきりと認めつつ、そうした者たちの間での対話の有効性や重要性を感じている。そこでは、「専門家が専門的な課題を議論する場合」の硬直した思考の枠組みから、一時的にせよ自由になれる。これは明らかに、SDという特殊な対話の方法を用いたことによる効果である。

第6章　対話と哲学

　最後の章では、特にSDに限ることなく「対話」一般について考える。そこから、私なりの「哲学」に対する見方を示し、臨床哲学と関係づけてみたい。

6-1　対話とは何か

歴史的伝統、討議倫理

　ヨーロッパの思想の中で「対話 dialogue」という言葉は古い歴史を持っている。古代ギリシアの哲学者プラトンは、著作のほとんどを「対話篇」で書いた。その後、複数の登場人物を設定し、話し言葉で書かれる文学作品や学術作品の叙述形式が一つの伝統になった。また、対話と同根の「問答法・弁証法 dialectic」という言葉があるように、哲学における独自な論理展開の構造や方法とも関連している。こうした歴史的背景から考えると、とりあえず次のような特徴が浮かび上がる。すなわち対話とは、

　　■人や事柄（テーマ・考察の対象）に面と向かい合い

193

第6章　対話と哲学

- ■その人ないし事柄を十分に理解しようと努め
- ■そこに生じる葛藤・齟齬・対立などを明確にする中で
- ■新しい何かを発見すること、あるいは何かが変わることである

　確かにこれは、対話という概念の基本的な特徴を示している。しかし、実際の対面的なコミュニケーションとして行われる対話からは、かなり隔たった意味合いを含んでもいる。一人の作者が一人で考えて書いたものでも、複数の登場人物が語り合う場面を設定すれば、それは形式として対話と呼ばれる。また、例えば「歴史との対話」や「神との対話」といった言い方があるように、個人が事柄に面と向かい合うことも対話となる。対面コミュニケーションとしての対話を考える場合、歴史的伝統を確認するだけは、もちろん満足できない。

　では、対面コミュニケーションとしての対話に関連する議論として、どのようなものがあるのだろうか。一つの視角を提供してくれるのが「討議倫理 discourse ethics」である。近代社会における民主主義的な政治理念の擁護、公共の場での市民による議論の形成や重要性を背景として、その態度や規範を問題にする倫理学が生まれている。ここで「討議」という言葉は、学問分野によっては「談話」「言説」といった訳語があるが、一般に次のような意味を持つ。すなわち、孤立した文や文章としてではなく、具体的な文脈や状況の中で語られることの総体、という意味である。また動詞として「会話する・談じる」に加えて「公式に論じる・説く」といった意味を持つ。討議倫理の場合、さまざまに異なる価値観や主張がある中で、それらを説得力ある根拠とともに出し合い、合意に向けて話し合うことを意

194

6-1 対話とは何か

味する。これは少なくとも、個人が主張を言うモノローグでは
なく、複数の異なる主張や根拠が対等な立場で面と向かい合う
という意味で、対面コミュニケーションとしての対話の概念と
関係する。

　討議倫理では、話し合いの態度として「戦略的／コミュニケ
ーション的行為」の区別を強調する。戦略的行為とは、主に自
己利益を目的として（それを隠しつつ）話し合いに参加し、自
らに有利な結論を導こう・話し合いを操作しようとする態度で
ある。これに対してコミュニケーション的行為は、話をする相
手に対する誠実な理解と、合意に向けた相互協力のみを規範と
する態度である[1]。この区別が示唆するのは、特に「対話と言え
ない」対面コミュニケーションの特徴である。つまり、次のよ
うな状況や態度があれば、それは対話とは言えない。

■何らかの「利害関係」をコミュニケーションの中に持ち込むこと
■コミュニケーションの結果を、それぞれの主張に即した「成果」と
　見なすこと

　例えば「交渉 negotiation」は、その前提からして双方の利害
を密かに、時にはあからさまに持ち込む対面コミュニケーショ
ンであり、一定の成果が問われる。また「弁論 debate」という
形式ないし方法がある。これは、法廷における口頭弁論のよう

---

1) Jürgen Habermas (1981): Theorie des kommunikativen Handelns. 2 Bde.
Suhrkamp（河上倫逸他訳（1985/7）『コミュニケーション的行為の理論』上・
中・下、中 p. 78）参照。また霜田求（2000）：実践的討議の道徳性：ハーバー
マスとアレクシーを手がかりにして『熊本学園大学経済学部開設三十周年記念
論文集』熊本学園大学経済学部編 p. 449-473. も参照。

195

第6章 対話と哲学

に、互いの主張や論拠を出し合い、どちらが正しいか(法およ
び日常規範に整合しているか)を競い合うもので、議論や思考
の技法を身につけるための「ディベート」という方法にもなっ
ている。弁論も、勝敗という形での成果を求める。交渉や弁論
が悪いというわけではなく、それどころか社会関係のさまざま
な局面で必要とされる重要な対面コミュニケーションの形であ
る。だからこそ交渉術や弁論術、あるいはディベートといった
方法が発達し、そこに関心が向けられもする。

　ところで、こうしたものが「対話と言えない」のは理解でき
るとして、当の「対話」に関する方法は考えられているのだろ
うか。そもそも対話において、方法や技術といったものが求め
られるのだろうか。なるほど、対話的な討議の必要性・重要性
について、討議倫理は次のように考える。現代社会において、
人々が自然・自明な仕方で従うことができた共通の価値観や規
範は失われつつある。その中で、習慣的に培われてきた道徳を
意識化するとともに、それぞれの価値観や主張の妥当性を自由
な仕方で、つまり特定の権力や暴力によって抑えられない仕方
で「討議」し合意を形成するための手続き、あるいはそのため
の規範が必要・重要になる。この考えに異論はないとして、そ
の「討議」を実際に行うには、どのような方法・技術が求めら
れるのか。

　実のところ討議倫理は、討議の持つ規範や理想状況を示すも
のの、それを遂行するための具体的な方法については何も語ら
ない。討議に参加する者が、その規範や理想を携えつつ討議を
積み重ねれば、必ずや対話的な討議は実現する、と言うのみで
ある。また討議倫理は、討議する具体的な場についても語らな

い。それは、政治的な問題を討議する場、例えば国会や行政政策の議論が行われる場を想定しているのだろうか。しかし、そうであれば、そこに利害関係や成果が持ち込まれるのは、ある意味で必然である。少なくとも実際の討議は、戦略的／対話的な要素の両方を常に含んでいる。結局わたしたちは「対話」というものを規範・理想として要請しつつ、現実としては戦略的な討議に関わることしかできないのだろうか。

組織における対話、会話、カウンセリング

ここで発想の転換が必要である。討議倫理は、戦略的／対話的な討議を水と油のように相反するもの、対立する現実／理想として考えている。しかしそうではなく、対話は討議の中で何かを「助ける」ものだと考えてはどうだろうか。ヒントは、今日のビジネスシーン、あるいは組織論や経営学が指向する「対話」の概念にある。昨今の企業経営・コンサルティングの世界では、「対話」や「ファシリテーション」という言葉がもてはやされている。企業において、あるいは官庁・学校・病院・NPO/NGOなどの非営利組織も含めて、有意義な「会議」を実現することは大きな関心事である。そこで対話的な要素が重要になる、というのである。

組織論や経営学の知見を交えて、もう少し踏み込んで言うとこうなる。組織とは、一定の目的のために、複数の人々が「意識的に調整された諸活動を実現するシステム」である[2]。その活

2）組織に対するバーナードの定義。桑田耕太郎・田尾雅夫（1998）『組織論〔補訂版〕』有斐閣 p.20 参照。

第6章　対話と哲学

動の基礎になるのは「意思決定 decision-making」の過程であり、そのためのさまざまなコミュニケーションである[3]。意思決定にはトップダウン、ボトムアップなどさまざまなタイプがあるが、いずれも「実現する可能性のある代替的選択肢」の中から何かを一つ選択することである[4]。そこで適切な選択肢をいかに首尾よく準備できるか、また適切な選択をいかに上手くできるか、そのためのコミュニケーションをどのように工夫できるか、が問題となる。このとき、意思決定を助けるコミュニケーションが強調される。特に「会議」は意思決定の主要な場であり、そこで対話の要素をどのように上手く組み入れるかが、組織の重要な課題となる。また、対話を促進するための方法・技術として「ファシリテーション」という言葉が使われる[5]。ここで対話は次のように考えられている。

- ■組織における意思決定を「助ける」ものであり
- ■そのための工夫（方法・技術）を考えることができる

　注意しなければならないのは、対話が意思決定を助けるための手段であって、意思決定それ自体のための手段ではない、という点である。対話を通して、それを助けにして、よりよい意

3）　先駆的・代表的な著作として Herbert A. Simon（1ˢᵗ ed.1947, 4ᵗʰ ed.1997）: Administrative Behavior: A Study of Decision-Making Processes in Administrative Organizations. 二村敏子他訳（2009）『新版 経営行動：経営組織における意思決定過程の研究』ダイヤモンド社。

4）　前掲『組織論』p. 27.

5）　典型的な団体として「日本ファシリテーション協会」（https://www.faj.or.jp）が挙げられる。

6-1 対話とは何か

思決定が行われる可能性がある。しかし意思決定を直接の目的として、対話が行われるわけではない。むしろ会議の中で対話的な局面を生み出すためには、そこで「決めない」という約束が必要である。対話は、人々がさまざまなアイデアを出し合い、自由に検討・再検討できる場として機能しなければならない。そのためには、意思決定と対話の局面とを明確に切り離して行う工夫が求められる。

　組織における意思決定は、ルーチン化・硬直化しやすい。つまり「代替的選択肢」が十分に得られず、また十分に吟味されないまま、決定が下される場合が多々ある。組織の中で、とりあえず日々の仕事を支障なく進めるために、あるいは諸々の責任や利害が絡む意思決定への参与を恐れて、疑問があっても何も言わない、責任者の意向に沿わないような情報を出さない、そうした習慣が形成される。それは「自由に対話すべきだ」といった規範を持ち出しても簡単には打ち破れない。何らかの工夫（方法・技術）が求められるのである。

　ちなみに組織論において、意思決定をめぐる「公式 formal」なコミュニケーションと、それ以外の「非公式 informal」なものが区別される。前者は、会議や仕事上での指示・命令などである。後者は、上司と部下が飲み屋で一杯やりながら交わす会話、同僚との雑談のように、仕事以外の場面でのコミュニケーションを指す。組織論は、この非公式コミュニケーションにも重要な機能があること見出している[6]。そこでは意思決定に関連して、しかし意思決定とは区別された調整機能がある、という

6）　前掲『経営行動』p. 331-332 参照。

第6章　対話と哲学

のである。組織で強調される「対話」とは、この調整機能を、いわば「公式の中の非公式コミュニケーション」という仕方で繰り入れる工夫だと言える。今日では生活の個人化が進み、仕事以外で仕事仲間や上司とはほとんど付き合わない、といった人が増えていると言われる。組織にとって、これは実は重要な機能の喪失である。ある意味で、それを埋めるために「対話」が強調されるのかもしれない。

　さらに、この非公式コミュニケーションに関連させて言えば、特に組織とは関わりのない日常的な「会話 conversation」がある。それは自然に発生するもので、それだけでは対話とは言えない。しかし、そこに何か工夫を加えることで対話になりうる。また会話では、何よりも人と話すことの楽しさが伴う。つまり、自然なかたちで話し合いを促すという意味で、次の点も見落とせない対話の要素である。

　■話すことの「楽しさ」が伴うこと

　もう一つ別のタイプの対面コミュニケーションに目を向けてみよう。それは「カウンセリング」である。人々が抱えるさまざまな問題や悩みについて、専門的な知見から相談・援助を行うことで、主に心理学の手法を用いた「心理カウンセリング」が典型的である。カウンセリングは、基本的に相談する者／相談に応じる者の役割を前提にしている点で、人々が対等な立場で行う「対話」とは言えない。しかし、相談に応じるカウンセラーが相手の問題・悩みを十分に理解しようと努め、そのコミュニケーションの過程の中で何かが変わることが期待されると

いう意味で、対話的な要素を多分に含んでいる。

またここには、上に述べてきたような対面コミュニケーションにはない、人の「心」あるいは「感情」という側面が関わる。今「相手の問題・悩みを理解しようと努め」と書いたが、特に心理カウンセリングの場合、それは相手の言っていることではなく、相手の「気持ち」を理解することである。カウンセリングは、人の心・感情を積極的に「受容」することから出発する。こうした契機が入ることで、対面コミュニケーションが劇的に変化する場合がある。しかし他方、心・感情に軸を置く分、言葉による「考え」のやりとりは二次的なものになる。カウンセラーの言葉使いは、心・感情に深く関与するためのテクニックという側面を持つ。その意味では、ある種の戦略的行為である。やはり言葉による考えの理解を主軸にしない限り、それは「対話」ではない。最後の点をまとめておけば、次のようになる。すなわち対話は、

- ■ 人の「心・感情」に関わる側面を持つが
- ■ そこに軸足を置く対面コミュニケーションではない

雲としての対話

さて、結局「対話」とは何か。上で示してきた項目は、私が対話（また対話でないもの）と考える諸側面である。全体像を見るために、それを図にしてまとめてみる。

第6章　対話と哲学

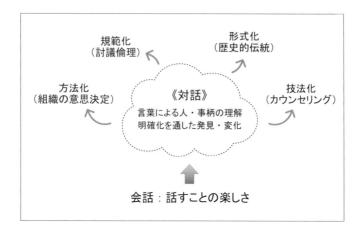

　何よりも、対話は「言葉による人・事柄の理解」として要約できる。わたしたちは、そうした相互作用の場を作ることができる。またそこで、明確化を通した何らかの「発見・変化」が生じうる。それが対話の果実であろう。さらに、対話を促進する要素として「話すことの楽しさ」がある。この点は、当たり前と言われればそうかもしれないが、対話を根底から支える力として見落とせない要素である。まずは楽しくなければ、実りある対話は生まれない。ここまでが、対話の概念の軸をなすものと考えられる。

　他方、社会の要請に応じるかたちで、対話の概念がさまざまな方向に引っ張られ、場合によっては「対話とは言えない」ものに近づくこともある。叙述や論理の「形式」となる対話。合意に向けた討議の「規範」と見なされる対話的理念。組織の意思決定を助ける「方法」としての対話の工夫。カウンセリング

の「技法」として使われる対面コミュニケーション。これらは対話の「〜化」、言い換えれば対話概念の 'modification'（緩和、加減、修正、改良、変化、制限、変形、修飾、調整）であると言える。それは、対話の元々の在り方を変えてしまうものでもあるが、同時に対話に対する「意義・意味・限定」を与えてくれる。つまり、何のために対話するのか、なぜ対話が大切なのか、対話は何の役に立つのか、何が対話とは言えないのか、といったことを考える際、一定の目的や理由を提供してくれる。確かに、ただ言葉による人・事柄の理解を「楽しむ」だけで、そこに何らかの（社会的な）意味や目的を想定しなければ、やはり対話は成り立たない。対話の modification という観点を入れることで、対話概念の多方面への拡がり具合もイメージできる。

　対話は、さまざまに異なる対面コミュニケーション（討議、交渉、弁論、会議、会話、カウンセリングなど）の中の一形態として分類・種別化されるものではない。むしろどの場面にも、対話的な要素、あるいは対話と対照的な要素が潜んでいる。また、対話の modification を特定の方向に特化させ、そこに従属させてしまうと、対話は対話でなくなる。例えば、叙述・論理形式としての対話には、複数の参加者が順番で発言するとか、発言や発言の理由を言明にするといった、対面コミュニケーションにおける対話的要素が潜んでいる。しかし、それを純粋な叙述や論理として形式化するならば、そこに対話はない。合意に向けた対話も、それが規範・理念として示されるや否や、対話でなくなる。組織の意思決定やカウンセリングも、その特定の手段として対話が用いられる限り、対話的な要素を失う。

　だからこう考えよう。対話とは、上に示した対話の概念を中

第6章　対話と哲学

心に、それがさまざまに modification されつつ拡がるものの、完全には特化されず、その手前で、輪郭を曖昧にしたまま漂う「雲」のようなものである。その雲は、話すことの楽しさという上昇気流によって発生し、特定の modification に際して蒸発してしまう。むしろ、さまざまな modification の可能性を潜在させつつ、そこでふとした「発見・変化」をもたらしうる発言・相互作用の渦のような場である。

6-2　臨床哲学と対話

　最後は「哲学」について、また臨床哲学について。もちろんここで考えたいのは、対話との関係で「哲学するとは、どういうことか」である。雲の比喩を続けるならば、こうなる。さまざまな modification の寸前で「雲であり続ける」とは、どういうことか。対話を、さまざまに特化させた目的の手段として使う・応用するのではなく、それはそれで必要なことだとしても、その前で対話に留まり続けること、これである。

コミュニケーションが／その場で／哲学する

　事柄に対して根本的な問いを投げかけ、それに正面から向き合い、明確にしようと努め、そこから何かを見出そうとすること。またそうした作業を、言葉の問い直しと組み立てによって行うこと。これが哲学の営みであるとすれば、対話と哲学は、ほとんど同じことだと言ってもよい。ただ哲学は、あまりに膨

6-2 臨床哲学と対話

大かつ多重な歴史的伝統を背負っている。過去の思考は「文献」
となって蓄積され、そのごく一部分を理解するのも簡単ではな
く、それ相当の修練を要する。そこに数多くの専門の研究者が
現れ、その人たちがさらに言葉を積み上げる。樹海のように広
がる過去の思考、やたら難解で抽象的な言葉の迷路。それが人々
を惹き付ける哲学の楽しさと魅力でもあるのだが、同時に人々
を容易に寄せ付けない壁ともなっている。

　しかし、伝統による魅力と壁は差し当たって脇に置き、最小
限「哲学する」営みを取り出すこともできる。哲学者は何をし
ているのか。結局それは、「言葉の問い直しと組み立て」に集約
される。さらに言おう。ここで「人が／持続的に／哲学する」
ことが前提になっているが、それさえも、思い切って切り落と
してみてはどうだろうか。哲学には、専門的知識を駆使して・
独りで沈思黙考するイメージがある。そうした先入観を取り除
いて、人ではなく「コミュニケーションが／その場で／哲学す
る」姿を思い描くのである[7]。第1章の最後「哲学の知識がなく
ても、哲学ができる」で書いておいたように、グループの対話
の中で生じる「発言の連鎖」が哲学してしまう。SDでなくと
も、そうした場面をイメージすることができるのではないか。
それを「哲学する」ことと考えるのである。

　本書、特に第2章で紹介してきたSDの「仕掛け」は、こう
した意味での「哲学する」ための方法・工夫である。問いの設

---

7) 人ではなく「コミュニケーションが」という考えは、社会学者ルーマンを参考
にしている。Niklas Luhmann (1984): *Soziale Systeme: Grundriß einer allgemeinen
Theorie*, Suhrkamp, Kapitel 4: Kommunikation und Handlung, S. 191-241（佐藤勉
監訳『社会システム理論』上下、恒星社厚生閣 1993/1995）参照。

205

定、参加者のためのルール、例の詳述、進行役、メタ・ダイアローグ、答えの探究、時間と環境。これらを通して、言葉の問い直しと組み立てが自ずとできてしまう。参加者は、自身が「哲学する」意識を持つかどうかとは別に、発言を通してそこに巻き込まれる。それはある意味で、哲学する自動装置のようなものである。哲学的な問題について・哲学的な知識を用いて、人が対話するのではない。言葉による理解と明確化という最低限の意味での「対話」それ自身が、参加する個々人の考えや意図とはまた別の「哲学する」次元を展開するのである。SDは「コミュニケーションが／その場で／哲学する」リアリティの次元を示しているように思われる。

　なぜ、これほどまで「哲学」を切り詰めるのか。哲学から歴史的伝統を削ぎ落とし、さらには「人が行う」という常識に逆らって、いったい何をしようというのか。理由の一つはもちろん、哲学と対話が直接結びつく「その場」を、そこで生じる固有の充実感や楽しさを指し示したいからである。そしてもう一つ、ここには哲学を「現場」に向けて開くための手がかりが宿っている、少なくとも私にはそう思われるからである。

現場とは何か

　哲学が現場に向かうとは、どういうことか。どのような方法で現場に出向くのか、出向くことができるのか。そもそも「現場」とは何か。臨床哲学研究室が立ち上がって以来、この類の議論は繰り返されてきた。また、社会の中に「哲学」がある限り、繰り返し問うべき課題である。批判的な見解も含めてさま

ざまな考え方・実行の仕方があると思うが、私なりの現場に対する見方・関わり方をここで示すことにする。まず、現場というものを次のように考えてみる。

■現場とは、組織を通して調整されるコミュニケーションの総体、そうした人々の関わりが実践される場所である。

　ここで「組織」という概念を組み込んで現場を考えるところが私のポイントである。例えば教育現場は、学校組織を通した教師／生徒の授業、教師間の職員会議・職務、生徒間の生徒会・クラブ活動、PTA などの教師／保護者、保護者間におけるコミュニケーションの総体である。また、上位組織（教育委員会、関係省庁など）との関わりや関連諸制度（学習指導要領、カリキュラム）の運用といったことも、この実践に含まれる。医療現場、企業のさまざまな現場、行政の現場なども、同様の仕方で考えることができる。現場とは、要するに「人々が仕事をしている場所」である。その「仕事」は、今日の社会では「組織」を通して遂行される場合がほとんどである。この感覚を外して「現場」を定義することは、私には考えられない。
　さて、こうした実践を秩序ある形で可能にしているのは何か。すでに触れたように、組織では意思決定という機能が働いている。個人の決断・判断を含む組織レベルでの決定が求められる。それを踏まえて人々が行動する。日々の決まった仕事（ルーティン）や決まり事（マニュアル・規則）もまた、意思決定の産物である。それらに従って人々が行動し、また行動するよう相互に期待し合っている。また、現場で生じるさまざまな問題やトラ

第6章　対話と哲学

ブル、そしてその解決も意思決定を通して処理・調整される。決められた仕事を、決められた通りに、また誰かの決定に従って行っていれば、とりあえず現場は動く。上手く動かない場合には、決め直す決定を（個人か会議かで）する。特定の事柄に関して自ら決定する権限を持たない（そのように決められている）組織であっても、上位組織などに異議を申し立てるといった決定はできる。

　しかし、組織における関わりのすべてが、意思決定の中に収まってしまうわけではない。意思決定の傍らで、さまざまな調整・交渉・強要・妥協・発散といったコミュニケーション過程が働いている。また公式的な意思決定の他に、非公式な意思決定・コミュニケーションが行われている。そこでの暗黙の了解や雰囲気（空気？）が、意思決定に大きな影響を与えることもある。さらに、なぜこのように決定するのか、といったことに関する不満や逡巡が、現場に携わる個々人の中に生まれてもいる。それらは通常、個人の処理に任される。意思決定には持ち込まれず、その傍らで意思決定を影のように支え・補い、逆に撹乱しもするような領域がある。意思決定は、こうした「非決定」の領域を自ずと構成する。現場は、意思決定と非決定領域の働きとが、いわばセットになって営まれているコミュニケーションの総体であるとも言える。

現場が現場を反省する

　ここから、現場における「反省」の構造といったものを示すことができる。つまりこうである。意思決定と非決定領域、こ

208

6-2 臨床哲学と対話

の境界を踏まえつつ、それを横断ないし往復することのうちに、現場の反省を促す契機が潜んでいる。例えば、次のような感覚がそれを示している。

- 日々の仕事や目前の問題処理に追われて素通りしてしまっている（素通りせざるをえない）が、何かすっきりしないもの・何か違うものがある。
- マニュアルや規則・決め事があるのだが、なぜそうなっているのか、その意味や背景を考えたい。また他の同僚たちがどのように捉えているのかを知りたい。
- 会議などの場で、人々の意見が十分出されないまま、また問題が問題として十分見定められず曖昧にされたまま、意思決定や合意が（なし崩し的に？）なされている。
- 現場や組織の中で共有されている（と思われる）理念や目標があり、それはそれで理解できるが、それと実際の行動（判断・意思決定）とが上手く結びつけられない。

こうした感覚を掘り起こし・吟味しようとするとき、おそらく「対話」が有効となる。個人や組織の決定の背後に埋め込まれている、また決定のために使用されるさまざまな価値や価値判断に対する問いがある。それを意思決定に、どのような仕方で持ち込むのか、あるいは持ち込まないか、その境界づけに際して生じる問いがある。そうした「問い」に、現場に関わる人々が共同して参加できるようにするのである。こうした反省は、現場における「問題解決」とは少し異なる位相を持つ。問題解決とは、多くの場合、問題を問題として意思決定に持ち込み、

第6章　対話と哲学

解決することを前提とする。それに対して「対話」は、問題解決に持ち込むか否かを含む、意思決定の「非決定」領域的な諸条件に焦点を当てるものだからである。

　また、討議倫理的な観点から、次のようにも言える。今日、社会の中で「普遍的に妥当する価値」を考えることは、ますます困難になっている。しかし、そこで「価値」自身が失われたわけではない。むしろ、それぞれの現場における「固有な価値」の妥当性、その（理念や目標としての）「使い方」が問われる。それは、組織における意思決定／非決定領域の関連づけに関わるものであり、その現場の具体性・固有性においてのみ納得されうる。現場の反省は、こうした「固有な価値」とその「使い方」に焦点を当てる限りで、有意義なものになるのではないだろうか。

　いずれにしても、現場のコミュニケーションは、それ以前に営まれていた膨大なコミュニケーションの重なり・接続の上に形成されている。その中で、固有の問題や困難に気づかれもすれば、無視され・見落とされもする。自らの可能性を発見する場合もあれば、隠蔽する場合もある。現場の問題と可能性は、こうしたコミュニケーションの重なり・接続の中で顕在化もするし、逆に潜在化しているとも言える。現場の反省も、この中のどこかに位置づけることができる。そうだとすれば、この「コミュニケーションの重なり・接続」それ自身が、自らを反省する（している）と見なせるのではないか。現場の問題を考えようとするとき、特権的な（現場をよく知る・現場に詳しい）観察主体を想定するのではなく、むしろ「現場が現場を反省する」という位相を想定するのである。

現場（ないし組織）と哲学が関係する、現場に向けて哲学が直接的に関わることができるとすれば、まさしくこの位相においてではないだろうか。つまり「コミュニケーションが／その場で／哲学する」という考え方を、「現場（というコミュニケーションの一部）が／現場（その場）で／反省（哲学）する」という発想に結びつけるのである。現場に、伝統を背負い専門化された「哲学」の知見を持ち込むのでも、応用するのでもない。現場が直接「哲学する」のである。

　それは、現場のコミュニケーションの中に「言葉の問い直しと組み立て」ができるような場を挿入する、その場をサポートする、ということである。可能であれば現場に直接関わりのない人々も交えて、現場の人々が「対話」できるような機会を設けることである。第5章で紹介した「遺伝対話」や「対話コンポーネンツ」は、そうした試みであった。とりわけ「問題の一時解除」（第2コンポ）という作業、つまり「問題を直接扱うわけではなく、問題をめぐって人々が（暗黙のうちに）前提にしている常識や理由づけを問い直す」こと、ここに、現場が哲学する形があると考えるのである。

　もちろん、こうした「対話＝哲学」によって現場や組織が劇的に変化するわけではない。上に書いたように、現場は「膨大なコミュニケーションの重なり・接続」であり、そこに「哲学する」コミュニケーションを挿入するとしても、ごくごく一部分の、表面的な関わりに過ぎない。組織で仕事をした経験のある人なら常に感じているであろうが、そう簡単に組織や現場が思い通りに変わるものではない。また、そう簡単に外部ないし部外者を受け入れるものでもない。しかし、現場に何らかの反

第6章　対話と哲学

省が求められること、そのための工夫の余地があること、これ
もまた事実である。その必要（ニーズ）と可能性に、哲学する
営みを結びつけることは十分できる。

付録　ルールと基本的な考え方

　ソクラティク・ダイアローグは、数人の参加者（通常 5 − 8 人が適切な数であるとされる）がグループになり、一定のルールと進行役によって進められる。ここでは、そのルールと基本的な考え方を示す。最小限これを押さえておけば SD が理解でき、実施できる。

　まず、SD の基本理念を示す。資料として用いるのは、2000 年にドイツで開催された「第 3 回ソクラティク・ダイアローグ国際会議」で配布された冊子（Conference Folder）の冒頭部分である。ここで、ドイツの団体の代表者ディータ・クローン（Dieter Krohn）が、簡潔な仕方で「ソクラティク・ダイアローグとは何か」を述べている。これは SD についての、いわば公式見解と言える。

213

ソクラティク・ダイアローグとは何か

　ソクラティク・ダイアローグは、根本的な問いに対して答えを見つける共同の試みである。問いは対話の中心である。それは、一人ないし複数の参加者の具体的な経験に、しかも他のすべての参加者にアクセス可能な経験に照らして問われる。この経験を体系的に反省することは、共有された判断やそこに潜む理由の探査を伴う。

　対話は合意を目指す。合意は達成可能ではあるが、単純で易しい課題ではない。努力、規律、忍耐を要する。参加者が互いを十分に理解するような仕方で、すべての人の考えが明確にされる必要がある。説明や理由づけは、注意深く分析・検討される。議論は、ゆっくりかつ体系的に進められる。その結果、すべての参加者が対話の中身に対する洞察を得る。

　ソクラティク・ダイアローグが専念するのは、中心となる問いを問題とする「内容」に関する議論である。それに加えてヘックマンは、対話のプロセスや雰囲気について話し合う「メタ・ダイアローグ」を考え出した。進行役によっては、対話の方向性を決めるための「戦略に関する対話」を区別する者もいる。また戦略上の問いを、ソクラティク・ダイアローグやメタ・ダイアローグにとって不可欠な部分であると考える進行役もいる。

　ソクラティク・ダイアローグはソクラテスの名前に由来するが、プラトンの対話編の模倣ではない。ソクラテス的とは、基本的に、わたしたちが真なるものと見なしている思考、概念、価値といったものに対して、厳密な探究を行う方法のことである。ソクラティク・ダイアローグは、わたしたちが考えを定式化するとき、そこで前提とするものを共同で探究することである。

付録　ルールと基本的な考え方

手続きとルール

　次に示すのは、SD の「手続き」「参加者のためのルール」「進行役のためのルール」「適切な例のための基準」である。こちらは、2004 年に出版された本、"ENQUIRING MINDS: Socratic dialogue in education" の付録に収録されているものである。参考のため、英文との対訳のかたちで示しておく。

Procedures

The Socratic dialogue normally uses the following procedures:

1. A well-formulated general question or a statement is set by the facilitator before the discourse commences.

2. The first step is to collect concrete examples experienced by participants which are relevant to the given topic.

3. The group chooses one example, which will usually become the basis of the analysis and argumentation throughout the dialogue.

4. Significant statements made by participants are written down on a flipchart or board, so that all can have an overview of the discourse.

手続き

ソクラティク・ダイアローグは通常、次のような手続きをとる：

215

1. 明瞭に定式化された一般的な問い、ないし言明が、議論を始める前に進行役によって示される。

2. 最初のステップとして、参加者が経験した具体的な例を集める。例は、与えられたトピック（問い・言明）に関連するものである。

3. グループで一つの例を選ぶ。たいていの場合、これが対話を通じた分析と論拠づけの土台となる。

4. 参加者が出した重要な言明は、フリップチャートやボードに書き出される。これによって、すべての参加者が議論を概観することができる。

Rules for Participants

There are eight basic rules for participants in the Socratic dialogue:

1. Each participant's contribution is based upon what s/he has experienced, not upon what s/he has read or heard.

2. The thinking and questioning is honest. This means that only genuine doubts about what has been said should be expressed.

3. It is the responsibility of all participants to express their thoughts as clearly and concisely as possible, so thateveryone is able to build on the ideas contributed by others earlier in the dialogue.

4. This means everyone listening carefully to all contributions. It also means active participation so that everyone's ideas

付録　ルールと基本的な考え方

are woven into the process of cooperative thinking.

5. Participants should not concentrate exclusively on their own thoughts. They should make every effort to understand those of other participants and if necessary seek clarification.

6. Anyone who has lost sight of the question or of the thread of the discussion should seek the help of others to clarify where the group stands.

7. Abstract statements should be grounded in concrete experience in order to illuminate such statements. This is why a real-life example is needed and constant reference is made back to it during the dialogue.

8. Inquiry into relevant questions continues as long as participants either hold conflicting views or if they have not yet achieved clarity.

参加者のためのルール

ソクラティク・ダイアローグには、参加者のための基本的なルールが8つある：

1. 参加者は、本で読んだことや聞き知ったことではなく、自分の経験したことに基づいて議論に貢献する。

2. 考えや疑問は誠実であること。つまり発言に対して、偽りのない疑いだけが表明されるべきである。

3. 参加者には、自分の考えを出来る限り明瞭簡潔に表明する責任がある。これによって、対話の中でより素早く、一人の参加者

のアイデアを他の全員が利用できる。

4. これは、議論に貢献するすべて（の発言）に対して、全員が注意深く聴くことを意味する。また、すべての人の考えが共同での思考のプロセスに織り込まれるような、積極的な参加を意味する。

5. 参加者は、自分の考えだけに固執すべきではない。他の参加者の考えを理解するよう常に努め、必要があれば明確にすることを求めるべきである。

6. 問いの焦点や議論の筋道を見失った人は誰でも、グループがどこにいるのかを明確にするよう、他の参加者に助けを求めるべきである。

7. 抽象的な言明は、その言明を明解にする具体的な経験に基づいていなければならない。対話の中では、実際の生活の例が必要であり、そこに常に立ち戻ることになるからである。

8. 参加者間で見方が対立している限り、あるいは十分な明確さに達していなければ、関連する問いの探究は継続される。

Rules for Facilitator

1. The main task of the facilitator is to assist the joint process of clarification so that any achieved consensus is genuine. Consensus is only achieved when contradictory points of view have been resolved and all arguments and counter-arguments have been fully considered; the facilitator has to ensure this happens.

付録　ルールと基本的な考え方

2. The facilitator should not steer the discussion in one particular direction nor take a position in matters of content.

3. The facilitator should ensure that the rules of the dialogue are upheld, for instance watch that particular participants do not dominate or constantly interrupt the dialogue, whilst others remain silent.

進行役のためのルール

1. 進行役の主要課題は、得られたどの合意も偽りでないよう、明確化の共同的プロセスを援助することである。合意は、考え方の対立点が解消され、すべての議論／反論が完全に考慮されたときにのみ得られる。進行役は、こうしたことが起こるのを確保しなければならない。

2. 進行役は、議論を一つの特別な方向に誘導すべきではない。また、対話の内容に対して一定の立場を取るべきではない。

3. 進行役は、対話のルールが維持されていることを確実にすべきである。例えば、特定の参加者が対話を支配していないか、対話を頻繁に邪魔してはいないか、また残りの参加者が黙ってしまっていないか、などに気をつけるべきである。

Criteria for suitable examples

1. The example has been derived from the participant's own experience; hypothetical or 'generalized' examples ('quit often it happens to me that ⋯ ') are not suitable.

2. Examples should not be very complicated; simple ones are often the best. Where a sequence of events has been presented, it would be best for the group to concentrate on one event.

3. The example has to be relevant for the topic of the dialogue and of interest to the other participants. Furthermore, all participants must be able to put themselves into the shoes of the person giving the example.

4. The example should deal with an experience that has already come to an end. If the participant is still immersed in the experience it is not suitable. If decisions are still to be taken, there is a risk that group members might be judgmental or spin hypothetical thoughts.

5. The participant giving the example has to be willing to present it fully and provide all the relevant factual information and so that the other participants are able fully to understand the example and its relevance to the central question.

付録　ルールと基本的な考え方

適切な例のための基準

1. 例は、参加者自身の経験に由来するものでなければならない。仮定的な例ないし「一般化された」(「こんなことが私にはよく起こる……」といった) 例は適切ではない。

2. 例は、それほど複雑でないものが望ましい。たいていの場合、単純な例がベストである。複数の出来事が継起して示されているときには、グループが一つの出来事に集中できるような例がよい。

3. 例は、対話のトピック、また参加者の関心に関連するものでなければならない。さらに、すべての参加者が、例の提供者の立場に立つことができるようなものでなければならない。

4. 例は、すでに終わった経験を扱うべきである。参加者が、まだその経験の中に身を置いている場合、それは適切ではない。下されようとしている決定の余地がまだある場合、他の参加者がそれを判定しようとしたり、仮定的な考えを巡らせたりする、といったリスクがある。

5. 例の提供者は、例を完全に話す気でなければならず、関連するすべての事実的情報を提供しなければならない。こうして他の参加者は、その例を、また中心となる問いとの関連性を十分理解できるようになる。

砂時計モデル

　以下に示す図は、ヨース・ケッセルス（Jos Kessels）が考案した「砂時計モデル」と言われるもので、SDの説明として多くの進行役が採用している。最初に「探究の出発点・焦点」としての「問い」がある。それに関連して「例」が出され、選ばれた例が「事実・状況の記述」として示される。その中から「探究すべき立脚点」としての「判断」が抽出される。ここで「判断」とは、決断・断定のように明確な自覚をもって下されなくとも、なんとなくそう思った・感じたという場合も含まれる。また、人があることをしたとき、その行為のうちには、たとえ何気ない日常的な動作であっても、そこに何がしかの「判断」があったことになる（第1章で、カリンはこれを「核になる文 core statement」と呼んでいた）。

　こうして「判断」が定式化されると、今度はそこに潜む「規則」が探り出される。「規則」とは、判断の前提となっており、判断を「基礎づけている」と思われるものである。例えば第1章の事例に即して言えば、人に道を聞いて「わかった」（と思った）とき、その判断のうちには「わかったのなら、それを行動に移せるものだ」（理解には行動の準備が含まれる）とか「他の人にも道を示せるものだ」（他者への説明可能性が含まれる）、あるいは「わかってはいても、実際に目的地に辿り着けるかは別ものだ」（理解と実際の行動の結果は別）といった「規則」が見出されることになる。要するに、人が何かを思ったり行為したりしたとき、そこには「そういうものだ」といった、一般的な意味の使い方における規則が潜んでいる。これを定式化しようという

付録　ルールと基本的な考え方

わけである。この例がわかりにくければ、別の例を出そう。友人と待ち合わせをしたのに、約束の時間より大幅に遅れて友人が現れ、怒ったとする。そこには「人との約束は守るものだ」という規則（この場合「規範」と言った方が適切であろうか）が潜んでいる。

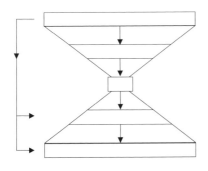

問い：探究の出発点・焦点

例　：事実・状況の記述

判断：探究すべき立脚点

規則：判断の基礎づけ

原則：規則の基礎づけ

Jos Kessels, *Die Macht der Argumente*, 2001, p. 54.

　見出された「規則」は、さらに、その前提・基礎となっているような「原則」の発見へと受け継がれる。理解するとは、そもそもどういうことなのであろうか。約束するとは、どういうことか。こうした「問い」に対する、極めて一般的・普遍的な「答え」に当たるものが探り出されるのである。ここで「規則」（ドイツ語では Regeln、英語なら rules, regulations といった訳語がそれに当たる）と「原則」（Prinzipien, principles）の違いは何か、という疑問が出されるかもしれない。そこに根本的な違いはない。ただ、判断に何らかの規則が潜んでいるとすれば、その規則の規則は何か、もっと深い「原理」のようなものが見出される可能

性もある。そうして一段と答えを深める可能性を残しておくこと、これが規則／原則の区別として示されていると思えばよい。

また、この図は中央が狭くなった砂時計の形をしているが、それは「一般的な」ものから「個別的な」ものに狭まり、再び「一般的な」ものに至る過程を示す。最初にある「問い」は誰もが考えうる一般的・基本的なものであり、最後の「答え」もまた一般的・普遍的なものである。その間で、個別的な「事実・状況の記述」と、さらに個別的な「この判断」を経て、ある程度一般的な「規則」から最も一般的な「原理」へと至るのである。

このようなステップを経てSDは「体系的に」進められる。しかし、いずれにしても、これは対話全体の構造を視覚的に示したモデルに過ぎない。つまり、参加者が「判断・規則・原則」あるいは「一般／個別」といった用語を十分に理解し、対話の中で必ずこれを確認しなければならないというルールではない。進行役も、これを参加者に示す場合、それぞれの用語にこだわって逐一説明する必要はない。

砂時計モデルのポイントは、具体的な経験を通過した上で問いに答える、ということを示すことにある。多くの場合、図の左側の矢印のように、人は「問い」を前にして直接「答え」に迫ろうとする。あるいは、さまざまな経験や推論を素早く（早計に？）総合的に（都合よく？）駆使して答えを導き出そうとする。しかしSDでは、その間に、具体的な事実・状況としての例の絞り込みと記述、そこから抽出された判断の定式化、判断に潜む規則・原則の探究といった作業を、参加者の共同作業として設ける。これを非常に丁寧に行うことによって、対話（＝問答）の成果がより身近なもの・より地に足のついたものになる。

文献案内

■ SD の古典とされる文献

- Leonard Nelson (1970): Die sokratische Methode (1922). In: L.N.: *Gesammelte Schriften. Bd. 1: Die Schule der kritischen Philosophie und ihre Methode.* Hamburg, Meiner, S. 269–316.
- Gustav Heckmann (1993): *Das sokratische Gespräch. Erfahrungen in philosophischen Hochschulseminaren.* Mit einem Vorwort zur Neuherausgabe von Dieter Krohn. Hrsg. von der Philosophisch-Politischen Akademie, dipa-Verlag, Frankfurt a. M. (original 1981: *Das sokratische Gespräch. Erfahrungen in philosophischen Hochschulseminaren*, Hannover, Hermann Schroedel Verlag.)

■ SD に関する一般解説書または論文集

最後から二番目のレクラム文庫版では上のテキスト（Heckmann については抜粋訳）が収録されている。また最後のものが英語で読めるほぼ唯一の解説書で、上の「古典とされる文献」の英訳もある。

- Rainer Loska (1995): *Lehren ohne Belehrung: Leonard Nelsons neosokratische Methode in der Gesprächsführung.* Bad Heilbrunn, Kindhardt.

- Jos Kessels（1997/2001）: *Socrates op de markt. Filosofie un bedrijf. Boom, Amsterdam.*（deutsch 2001: *Die Macht der Argumente: Die sokratische Methode der Gesprächsführung in der Unternehmenspraxis.* übersetzt von Bärbel Jänicke. Weinheim/Basel, Beltz Verlag.）
- Dieter Brinbacher, Dieter Krohn（Hrsg. 2002）: *Das sokratische Gspräch.* Reclam, Stuttgart.
- Rene Saran, Babara Neisser（Eds. 2004）: *Enquring Minds: Socratic Dialogue in Education.* Trentham Books.

■PPA によるシリーズ本

SD に関する多くの論文、また国際会議での発表原稿などが、ドイツ語ないし英語で収録されている。

- "Sokratisches Philosophieren". Schriftenreihe der Philosophisch-Politishces Akademie. Hrg. von Silvia Knappe, Dieter Krohn, Nora Walter.（Bde. 1 und 2）, ab Bd. 3 von Dieter Krohn, Barbra Neisser, Nora Walter, dipa-Verlag, Frankfurt a.M., ab Bd. 8, Lit Verlag.

    Bd. 1（1994）: *Leonard Nelson in der Diskussion.* Hrsg. von Reinhard Kleinknecht, Barbara Neisser.
    Bd. 2（1996）: *Vernunftbegriff und Menschenbild bei Leonard Nelson.*
    Bd. 3（1996）: *Diskurstheorie und Sokratisches Gespräch.*
    Bd. 4（1997）: *Neuere Aspekte des Sokratichen Gesprächs.*

文献案内

Bd. 5（1998）: *Zwischen Kand und Hare. Eine Evaluation der Ethik Leonard Nelsons.*

Bd. 6（1999）: *Das Sokratiche Gespräch – Möglichkeiten in philosophischer und pädagigischer Praxis.*

Bd. 7（2000）: *Das Sokratische Gespräch im Unterricht.*

Bd. 8（2004）: *Verständigung über Verständigung: Metagespräch über Sokratische Gespräche.*

Bd. 9（2005）: *Socratic Dialogue and Ethics. ed. by Jens Peter Brune, Dieter Krohn.*

Bd. 10（2002）: Gisela Raupach-Strey: *Sokratische Didaktik.*

Bd. 11（2004）: *Ethics and Socratic Dialogue in Civil Society.* ed. by Patricia Shipley, Heidi Mason.

Bd. 12（2010）: *The Challenge of Dialogue: Socratic Dialogue and Other Forms of Dialogue in Different Political Systems and Cultures.* ed. by Jens Peter Brune, Horst Gronke, Dieter Krohn.

■ その他の論文等

主にドイツ語・英語・日本語で発表された著書・論文を、年代順に並べた。フランス語の論文は1本。その他オランダ語のものもいくつかあるが（読めないので）割愛した。

- Dieter Brinbacher（1982）: Philosophieunterricht als sokratisches Gespräch. Zu einem Buch von Gustav Heckmann. In: *Zeitschrift für Didaktik der Philosophie 4*, S. 43–45.
- Hartmut Spiegel（1989）: Sokratische Gespräche über mathematische

Tehemen mit Erwachsenen – Absichten und Erfahrungen. In: *mathematik lehren, Heft 33*, S. 54–59.

- Ute Siebert (1996): *Das Sokratische Gespräch: Darstellung seiner Geschichte und Entwicklung.* Verlag Weber, Zürich & Co, Kassel.

- Jos Kessels (1996): The Socratic dialogue as a method of organizational learning. In: *Dialogue and Universalism, VI, 5–6,* p. 53–67.

- Horst Gronke, Joachim Stary (1998): "Sapere aude!". In: *Handbuch Hochschullehre.* 19. Ergänzungslieferung. A 2.11. Raabe-Verlag, Bonn, S. 1–33.

- Dieter Krohn (1998): Theorie und Praxis des Sokratischen Gesprächs. In: *Akademische Philosophie zwischen Anspruch und Erwartungen.* Suhrkamp, Frankfurt a.M., S. 119–132.

- Stan Van Hooft (1999): Socratic Dialogue as Collegial Reasoning. In: *Practical Philosophy, Vol. 2.1,* p. 18–27.

- Dieter Brinbacher (1999): The Socratic method in teaching medical ethics: Potentials and limitations. In: *Medicine, Health Care and Philosophy 2,* p. 219–224.

- Hans Bolten (2001): Managers develop moral accountability: the impact of Socratic dialogue. In: *Reason in Practise, vol.1(3),* p. 21–34.

- Jens Peter Brune (2001): Bildung nach Sokrates. In: *Prinzip Mitverantwortung. Grundlage für Ethik und Pädagogik.* Hrsg. von K.-O. Apel, H. Burckhart. Königshausen u. Neumann, Würzburg, S. 271–298.

- Horst Gronke (2001): Was können wir im philosophischen Diskurs lernen? In: *Prinzip Mitverantwortung. Grundlage für Ethik und Pädagogik.* Hrsg. von K.-O. Apel, H. Burckhart. Königshausen u. Neumann, Würzburg, S. 203–226.

- 寺田俊郎（2001a）：対話と真理：ソクラティック・ダイアローグ
  の理論的前提,『待兼山論叢 哲学編』（大阪大学文学部）第35号,
  p. 47-61.
- 寺田俊郎（2001b）：レオナルト・ネルゾンのソクラテス的方法,
  『臨床哲学』（大阪大学大学院文学研究科臨床哲学研究室）第3号,
  p. 61-72.
- Ute Siebert（2002）: *Bildung vom Menschen aus: Das Sokratische
  Gespräch im Entwicklungsprozess Einer Welt*. Verlag Weber, Zurich &
  Co, Kassel.
- Kristof Van Rossem, Hans Bolten（2002）: L'extraction de la vérité. A
  propos du dialogue socratique, et Que ne souffre-t-il pas cet enfant dans
  le froid? Anamnèse et diagnostic lors d'un dialogue socratique. In:
  Revue belge de médecine dentaire, 57/4, p. 257–292.
- Erich Griessler, Beate Littig（2003）: Participatory Technology
  Assessment of Xenotransplantation: Experimenting with the
  Neo-Socratic Dialogue. In: *Practical Philosophy Autumn 2003*,
  p. 56–67.
- Beate Littig（2004）: The Neo-Socratic Dialogue（NSD）: a method of
  teaching the ethics of sustainable development. In: Galea, Chris（Ed.）:
  Teaching business sustainability: vol. 1, from theory to practice.
  Sheffield, Greenleaf Publ., p. 240–252.
- 太田明（2005）：対話と討議（1）：ソクラテス的対話と討議倫理,
  『一般教育論集』第29号, p. 95-105.
- Erich Griessler, Beate Littig（2006）: Neosokratische Dialoge zu
  ethischen Fragen der Xenotransplantation. Ein Beitrag zur Bearbeitung
  ethischer Probleme in partizipativer Technikfolgenabschätzung In:

Österreichische Zeitschrift für Soziologie, Sonderheft Technik- und Wissenschaftssoziologie in Österreich: Stand und Perspektiven 8. p. 131–157.

– Erich Griessler, Anna Pichelstorfer, Tsuyoshi Horie, unter Mitarbeit von Horst Gronke, Beate Littig und Anna D. Szyma（2009）: Neosokratische Dialog zu ethischen Fragen genetischer Beratung in Österreich, Deutschland und Japan.（ウィーン高等研究所 Gen-Dailog サイト： http://www.ihs.ac.at/steps/gendialog/)

– Beate Littig（2010）: Neo-Socratic Dialogue in Practice: The Xenotransplantation and Genetic Counseling Cases. In: *Pholosophical Practice 5(3)*, p. 685–697.

– Kuniko Aizawa, Atsushi Asai, Yasunori Kobayashi, Kuniko Hoshiko, Seiji Bito（2010）: A Neo-Socratic Dialogue for Developing a Mutual Understanding of Rights and Responsibilities in the Healthcare System. In: *Contemporary and Applied Philosophy 2*, p. 10001–16.

– 堀江剛（2011）: 哲学する装置：Neo-Socratic Dialogue とその活用，『人間文化研究』（広島大学大学院総合科学研究科人間文化講座）第 3 号，p. 17-35.

– 太田明（2012）: ソクラテス的対話において「聞く」こと，『論叢』（玉川大学文学部紀要）第 52 号，p. 3-16.

– 太田明（2013）: ソクラテス的対話の実際とその方向性：7th International Conference: Philosophizing through Dialogue に参加して，『論叢』玉川大学文学部紀要第 54 号，p. 115-135.

– Kuniko Aizawa, Atsushi Asai, Yasunori Kobayashi, Kuniko Hoshiko, Seiji Bito（2013a）: Neo-Socratic dialogue on fairness in the healthcare system. In: *Eubios Journal of Asian and International Bioethics*, 23

(5), p. 167–71.

– Kuniko Aizawa, Atsushi Asai, Seiji Bito (2013b): Defining futile
life-prolonging treatments through Neo-Socratic Dialogue. In: *BMC
Medical Ethics*, doi: 10.1186/1472-6939-14-51.

この他、大阪大学大学院文学研究科臨床哲学研究室発行の『臨床哲学の
メチエ』（http://www.let.osaka-u.ac.jp/clph/syuppan.html）にも SD に関す
る小論や翻訳が多数ある。

おわりに

　本書では、ソクラティク・ダイアローグという哲学対話の方法に焦点を当て、その基本的な考え方、各種の要素、事例、歴史的展開、活用について、できる限り詳しく紹介してきた。それを「現場が哲学する」ための道具という仕方で捉えた。臨床哲学では、この他にも「哲学カフェ」や「子どもとする哲学」など、さまざまな対話を行い、工夫を試みている。当然そこで、ソクラティク・ダイアローグを変形させ、別の対話法と組み合わせていく試みがあってよい。組織に焦点を当てた「現場」も、私の個人的な考え方に過ぎない。いずれにしても、広く社会に向けて哲学を開くこと、あるいは「哲学する」具体的な場所を開くこと、そのためのさまざまな試みが臨床哲学である。ソクラティク・ダイアローグは、ある種の既製品ではあるが、そこに一つの具体的な形を示してくれるものである。

　最後になったが、本書の執筆に協力してくださった方々、また「事例」のかたちで登場していただいた多くの参加者たちに、この場を借りてお礼を申し上げる。特に、中岡成文さん、寺田俊郎さん、本間直樹さん。彼らは（第1章で触れた）オックスフォードに同行した「臨床哲学のメンバー」たちであった。また彼らには、本書の原稿の一部ができあがった段階でそれを読んでもらい、貴重な意見をいただいた。ちなみに中岡さんは、第2章「対話の仕掛け」の「聴くことの大切さ」（本書42ページ）のところでドイツ語の「聴く anhören」という動詞に着目した人でもある。第4章のレオナルト・ネルゾンに関する思想の

おわりに

　紹介は、寺田さんが先鞭をつけたものであり、本書もそれなしでは十分な解説はできなかったであろう。この他、本書を「臨床哲学シリーズ」の企画として促していただいた大阪大学臨床哲学研究室の浜渦辰二さん、そして大阪大学出版会の川上展代さん。川上さんは臨床哲学研究室の卒業生で、第4章で触れた「Kopfwerk-Berlin」の論文和訳にも協力している。

2017 年 5 月

堀江　剛

著者紹介

堀江　剛 （ほりえ・つよし）

1961 年生まれ。大阪大学大学院文学研究科（臨床哲学）教授。研究分野は、スピノザ、社会システム理論、組織論など。著書に『知の 21 世紀的課題：倫理的な視点からの知の組み換え』（第 3 章：幾何学的方法とその逆説、ナカニシヤ出版、2001 年）、『21 世紀の教養 5：知の根源を問う』（II-5：コミュニケーションの哲学、培風館、2008 年）。

監修者紹介

中岡成文 （なかおか・なりふみ）

1950 年山口県生まれ。京都大学哲学科で学んだのち、大阪大学大学院教授などを歴任し、現在は郷里の岩国市に住む。市民とともに学ぶ「中之島哲学広場」、がん患者・家族との哲学対話（おんころカフェ）にかかわるほか、英語による哲学カフェで進行役を務める。

シリーズ臨床哲学　第 4 巻

ソクラティク・ダイアローグ　対話の哲学に向けて

発　行　日	2017 年 12 月 1 日　初版第 1 刷　　　　〔検印廃止〕
監　　　修	中岡　成文
著　　　者	堀江　剛
発　行　所	大阪大学出版会
	代表者　三成　賢次
	〒 565-0871
	大阪府吹田市山田丘 2-7　大阪大学ウエストフロント
	電話　06-6877-1614　　FAX　06-6877-1617
	URL　http://www.osaka-up.or.jp
印刷・製本	株式会社 遊文舎

ⓒT. Horie 2017　　　　　　　　　　　　　　　　Printed in Japan
ISBN 978-4-87259-604-5 C3010

JCOPY 〈出版者著作権管理機構　委託出版物〉

本書の無断複製は著作権法上での例外を除き禁じられています。複製される場合は、その都度事前に、出版者著作権管理機構（電話 03-3513-6969、FAX 03-3513-6979、e-mail: info@jcopy.or.jp）の許諾を得てください。

鷲田清一・中岡成文監修

シリーズ臨床哲学　四六判並製本.

1巻　ドキュメント臨床哲学

本間直樹・中岡成文　編　定価（本体 2200 円＋税）310 頁　2010 年 9 月刊行

大阪大学に発足した日本初の専門分野「臨床哲学」。医療・看護・介護・教育に携わる人々、学生、一般市民と共に展開する新しい哲学とはどのような活動で、どのような変遷をとげてきたのか。発足 10 年を過ぎて、ついに「臨床哲学とはなにか」という問いに応える。

2巻　哲学カフェのつくりかた

カフェフィロ（CAFÉ PHILO）編　定価（本体 2400 円＋税）344 頁　2014 年 5 月刊行

その日のテーマについてその場にいる人たちが進行役とともに話して、聴いて、考える。臨床哲学研究室での活動から生まれ、社会のなかで生きる哲学を探究する団体カフェフィロが、各地での哲学カフェの実践を振り返り、社会のなかで互いに自分の言葉を交わすこと、ともに考えることの意味を見つめ、対話の場をひらくことの可能性を展望する。

3巻　こどものてつがく　ケアと幸せのための対話

高橋綾・本間直樹　著　2017 年刊行予定

こどもの哲学は、思考や議論の訓練ではなく、ケア的な哲学対話である。自分で表現することを学び、他人と語り合い、ともに考えるという経験から、自己や他者についての信頼、言葉やコミュニティへの信頼を育み、直面する困難や挫折を他人とともに乗り越える力をつける。筆者らが見出した「方法論」ではないこどもの哲学、臨床哲学や哲学の本来の姿を、国内外のこどもや若者たちと行った対話の紹介や「こどもとは何か？」「哲学する、対話するとはどういうことか？」「教育とは何をすることなのか？」「学校制度にどう向かい合うべきか」という問いについての考察から提示する。

4巻 ソクラティク・ダイアローグ　対話の哲学に向けて

堀江剛　著　2017 年 11 月刊行

臨床哲学研究室が日本に初めて紹介・導入した対話の方法、ソクラティク・ダイアロー
グ（以下 SD）の実践マニュアルとともに、対話と哲学に関する考察を展開する。SD は
グループで一つのテーマをめぐって丁寧かつ濃密な「対話」を行うワークショップの方
法で、欧州では哲学教育や市民対話、企業研修などのツールとして用いられている。日
本の企業や組織の活性化・効率化において対話をどのように活用していくか。ビジネス
と哲学の交差点としての回答を示す。

以下続刊予定.

・・・・・・・・・・・・・・・・・・・・・・・・・・・・　関連図書のご案内　・・・・・・・・・・・・・・・・・・・・・・・・・・・・

試練と成熟　自己変容の哲学　（阪大リーブル 034）

中岡成文　著　定価（本体 1900 円＋税）2012 年 4 月刊行

人生は常に試練にさらされ、変容を迫られている。そのとき変容をどう受け止め、もちこた
え、「成熟」に至るか。生き直すための心揺さぶる数々のヒントがここにある。

対話で創るこれからの「大学」

大阪大学 CO デザインセンター　監修　八木絵香・水町衣里　編

定価（本体 2500 円＋税）　2017 年 9 月刊行

未知で複雑で困難な課題の解決を先導する「高度汎用力」の養成を目指す大阪大学 CO デザ
インセンターが「社会を変える取り組み」で活躍するゲストたちとともに、知のありかた、
つなぎ方を考える対談集。